自尊心を育てる 第二版
ワークブック

あなたを助けるための
簡潔で効果的なプログラム

グレン・R・シラルディ=著

高山 巖=監訳
柳沢圭子=訳

THE
SELF-ESTEEM
WORKBOOK
2nd Edition

Ψ 金剛出版

The Self-Esteem Workbook 2/E

Copyright © 2016 by Glenn R. Schiraldi
Japanese tranlation rights arranged with
NEW HARBINGER PUBLICATIONS INC,
through Japan UNI Agency, Inc.

　バラの種を土に植えるとき，私たちはその小ささに目を留めはしても，「根も茎もない」などと批判することはありません。ただ種として扱い，必要な水や栄養を与えます。初めて土から芽を出したときも，未熟だとか発育が不十分だなどと非難したりしませんし，つぼみを付けたときも，開いていないからといって，けなしたりしません。私たちはこれら一連の変化に目を見張り，それぞれの発育段階に必要な世話をしていきます。バラは種のときから枯れるときまで，ずっとバラのままです。その中にはいつだって，バラとしての可能性がまるごとそっくり詰まっています。バラは絶えず変化しているように見えますが，どの状態でも，どの瞬間にも，そのままで［完全］なのです（Gallwey 1974）。

天使のようなわが母に本書を捧げます。
母は古今東西の大勢の母親と同じく，
この本に書かれた原理の大半を静かに体現してきました。

第二版のはしがき

　2001年の刊行以来，『自尊心を育てるワークブック』の初版は，幸いにも，多くの方々にとってより幸福で健やかに感じさせる一助となってきました。読者からは，このワークブックは使いやすく，包括的で，簡潔だと評価していただいています。しかし，最近のこの領域の研究を見ると，いくつかの重要な追加と修正が必要なことがわかります。
　そこで二版では下記のごとき修正を加えました。

1. 脳の可塑性——睡眠，運動，栄養が脳機能と精神的健康に与える大きな影響——に関する新たな知識を反映するために，第2章「自尊心を育むための準備：身体面における準備のところを修正しました。
2. 誠実で成熟した愛は，生理的にも心理的にも，大きく有益な変化をもたらすことが研究で示されています。そこで，無条件の愛という，自尊心の第二の要素を補強するために，重要な章を六つ付け加えました。
    a. 第20章では，言葉や論理ではなし得ない愛を感じ，感情を引き出すために，技能，つまり芸術技法についてふれます。
    b. 第21章では，心臓コヒーレンスを高める方法をお教えします。この心臓コヒーレンスのスキルは，心臓レベルで愛を感じるのに役立ち，それによって気分に大きな影響を与えます。認知的な方略を補足する，効果的な方法です。
    c. セルフ・コンパッション（自己への思いやり）は，自己批判をやめたり，試練への通常の対応法を改善したりするのに非常に効果的です。第22, 23, 24, 25章は，日々の経験に対して厳しさではなく優しさを持ち，それによって中核における自分の人間性を尊重するように指南します。
3. 「許し」をテーマとする第31章では，心を閉じさせてしまう怒りを捨てて，かわりに愛を抱くように後押しします。過去から脱して前に進み，愛に満ちた本来の自分を思い出して，成長が可能になるようにします。
4. ストレスは私たち誰もが直面するものです。最近わかった事実を反映させるために，ストレス，トラウマ，悲嘆，自尊心を結び付けて，付録1を拡充させました。
5. 自尊心を育てるのに役立つものをより多く紹介するために，「お薦めの情報源」も修正し，拡充させました。

　以上のような重要な変更も行いましたが，「いかに険しい道のりを歩んできたのだとしても，健全で確固たる自尊心はあらゆる人の手に届くものだ」という心強いテーマは，初版から変わっていません。

健全な自尊心は，無条件の人間の価値，無条件の愛，成長という，自尊心の三要素に関わるスキルを練習することで養われます。このワークブックで紹介したスキルが，あなたの人生を向上させると同時に，支柱にもなることを心から願っています。

　備考：本書で紹介した課題の多くのワークシートを，http://www.newharbinger.com/35937 からダウンロードできます《英語》。詳しくは，本書の巻末を参照してください。

序　論

　　私たちは自分自身を根本的な奇跡と見なす必要がある。
　　　　　　　　　　──ヴァージニア・サティア（Virginia Satir）《心理療法家》

　自尊心は，私たちの幸せを決定する唯一の要因ではありませんが，非常に重要な要因の一つです。

　人々に愛されていたコメディアン，故ジョージ・バーンズ（George Burns 1984）は，人を幸せにする事柄の大半──健康，結婚，子育て，自重の気持ちなどといったもの──は，自然に転がり込んでくるわけではなく，「少し努力して手に入れなければならない」ものだと言っています。

　自尊心も同じです。自尊心を築き上げるのには，ちょうど畑を手入れするのと同じようにたゆまぬ努力が必要です。本書で紹介しているプログラムは，一日におよそ30分前後を必要とし，かつ125日ほどの期間を要するものです。でもそれほどの努力を注ぐ価値があるものでしょうか？　自尊心が短期的，長期的に心身の健全さにどれだけ大きな効果を及ぼすかを考えれば，これほど努力のしがいがあり，価値あるものはめったにありません。

　あなたがこれから始めようとしているプログラムは，「ストレスと心の健康」というコースの核心部分です。このコースは私が開発し，メリーランド大学で教えていたものですが，受講した18歳から68歳までの受講生の間では，自尊心が高まり，抑うつ，不安，敵意が軽減することがわかりました（Schiraldi and Brown 2001; Brown and Schiraldi 2000）。なお，この本で述べられている原理とスキルは成人を対象としたものですが，思春期の少年少女にも同じように適用できますし，少しプログラムを簡素化すれば子どもたちにも適用することが可能です。

目　次

第二版のはしがき 7
序　論 9

I　自尊心を理解する

第 1 章　なぜ，自尊心が大事なのか？ 17
第 2 章　自尊心を育むための準備：身体面における準備 21
第 3 章　自尊心はどのように育まれるか 35

II　自尊心のスキル

●●●　第一の要素

「無条件の人間の価値」の真実性

第 4 章　人間の価値についての基礎知識 45
第 5 章　自己破壊的な思考を認識し，置き換える 55
第 6 章　現実を認識する：「それでもなお！」 70
第 7 章　自分の中核的な価値を認める 73
第 8 章　中核を肯定する思考習慣を身につける 79
第 9 章　無条件の人間の価値についてのまとめ 82

第二の要素

無条件の愛を感じる

- 第10章　無条件の愛の基礎知識 87
- 第11章　中核自己を見つけ，愛し，癒す 93
- 第12章　愛のある言葉 98
- 第13章　他者からの好意的な意見 103
- 第14章　よい特性を認識し，受け入れる 105
- 第15章　体への好意を養う 110
- 第16章　体への好意をさらに強める 115
- 第17章　自分への愛と好意を肯定する 119
- 第18章　愛の眼差しの瞑想 123
- 第19章　鏡に映った顔を好きになる 124
- 第20章　愛に満ちた目で自分を見る 126
- 第21章　心臓レベルで愛を感じる 128
- 第22章　セルフ・コンパッション（自己への思いやり）と
マインドフルな意識 132
- 第23章　セルフ・コンパッションをもって苦痛に対処する 140
- 第24章　セルフ・コンパッションを身体レベルで感じる 147
- 第25章　コンパッションに満ちたジャーナリング 151
- 第26章　無条件の愛についてのまとめ 157

第三の要素

愛の行動的な側面：成長すること

- 第27章　成長の基礎知識 161
- 第28章　自分が完璧ではないことを受け入れる 168
- 第29章　ちょっとした遊び（可能性に思いを巡らせる）...... 171

第30章　自分の性格の棚卸しをする ……175
第31章　許しを実践する ……181
第32章　健全な楽しみを味わう ……190
第33章　つまずきに備える ……198
第34章　成長についてのまとめ ……207

エピローグ　全体を振り返って ……209
謝　辞 ……211

付　録
付録1　苦しむ人に対する援助のガイドライン ……215
付録2　自己を許す ……219
付録3　愛をもって過去を癒す ……221

お薦めの情報源 ……225
「第二版」への監訳者あとがき ……229
旧版のあとがき ……231
参考文献 ……233
著者について ……237

I
自尊心を理解する

第1章
なぜ，自尊心が大事なのか？

　自尊心を持っている人はとても幸せです。自尊心が心身の健康に重要であることは，一般に認められています。一方，自分を嫌っていると，心身の健康にも，また能力を発揮するうえでも好ましくない影響を及ぼします。自己嫌悪は次のような状態を引き起こすのです。

- 抑うつ
- 不安
- ストレス症状
- 頭痛，不眠，疲労感，消化系の疾患などの心身症
- 敵意，過剰な怒りまたは根深い怒り，他者への不信感と嫌悪感，激しい競争心
- 配偶者や子どもへの虐待
- 虐待を伴う関係や不幸な関係に陥る
- 薬物やアルコールの乱用
- 摂食障害や不健全な食生活
- 他者とのコミュニケーションがうまくとれない（例えば，自己主張ができない，攻撃的になる，防衛的になる，批判的になる，相手を皮肉るなど）
- 不特定多数との性行為
- 依存的になる
- 周囲からの批判に対して過敏になる
- 自分を深く印象づけようと，他者に虚勢を張る
- 社会性の問題――例えば，引きこもる，孤立するなど
- 仕事や学業でよい成績を残せない
- さまざまな問題に振りまわされる
- 地位にこだわる
- 犯罪に走る

前記のようなことを考えれば，自己嫌悪は目に見えないハンディキャップと言われるのも当然です。一方，自尊心は，世界中で生活の全般的な満足感や幸福感と深い相関関係を持っています。1992年に行われたギャラップ社の調査によると，89％の回答者が，自尊心は人が懸命に努力し成功するために，非常に重要な動機づけになると答えています。自尊心は動機づけとして，ほかのどんな変数よりも上位にランクされたのです。したがって，自尊心を持っている人のほうが健全な行動をとる傾向があるということは，別に驚くには当たりません。自尊心を持つ人のほうが友好的で，感情をすなおに表現し，行動的であり，自分と他者に信頼感を持ち，内面的な問題や批判にわずらわされない傾向があります（Coopersmith 1967）。また，精神的な障害を抱えても，専門家の援助に対して，より好ましい反応を示します。例えば自尊心を持つ人は，アルコール依存症からの回復中に再発を見る可能性が低いのです（Mecca, Smelser, and Vasconcellos 1989）。ストレスと精神的健康と自尊心の相互関係をよりよく理解するには，付録1の「苦しむ人に対する援助のガイドライン」を参照してください。それどころか，いろいろな文献にあたっても，自尊心が不利益をもたらすというような事実は見つからないでしょう。したがって本書は，「自尊心は好ましくないストレスや疾病の症状を緩和するばかりでなく，人が成長するための本質的な基盤となるものでもある」という前提に立ちます。

　このように自尊心は非常に重要であるにもかかわらず，心理療法の世界では，それを間接的ではなく直接的に確立させることに，驚くほど目が向けられてきませんでした。例えば心理療法の目的は，自尊心を確立することにあると，よく言われます。しかし，心理療法により病的な症状が緩和されることがあっても，それが間接的に自尊心を高めるだろうという仮説は概して支持されていません。一部の人はそれが善意からとはいえ，総合的なアプローチをとらずに，根拠薄弱な原理に基づく手っ取り早い解決策を提示してきました。しかし実際のところ，長い目でみると，そんな方法は自尊心を損ねる可能性があるのです。

　そこでこの本は，健全で現実的，かつ全般的に安定した自尊心を確立できるよう，確固たる原理に基づいた段階的な手順を紹介します。そのためには，これから示すスキルを応用し，練習する必要があります。単に知識を持つだけでは不十分なのです。どのスキルもみな，それに先行するスキルをすでに修得していることを前提としています。アブラハム・マズロー（Abraham Maslow）が指摘したように，自尊心を発達させるには，強い刺激が数多く必要です（Lowry 1973）。したがって，この本をさらっと読み流すということはしないでください。次のスキルに移るのを急がずに，各スキルを応用し，修得する決意をしてください。

はじめに

　次に示す自尊心診断リストは，この本を読み通したときあなたの自尊心がどれだけ高まったか，その進歩の度合いを測る起点となります。また，この診断を受けることは，本書の目標に近づく第一歩にもなるでしょう。誰しも，人はある程度の自尊心をすでに持っているのだと知ると，気持ちが落ち着くものです。なお，この診断リストには隠された意図などもありませんし，自分の得点が他者と比べて高いか低いかも重要ではありません。ですから，リラックスして，できるだけ正直に答えてください。

自尊心診断リスト

　まずは下記の文章について，あなたがどの程度そう思うかを0から10の点数で評価してください。0は「まったくそうは思わない」，10は「まったくそのとおりだと思う」という意味です。

文章　　　　　　　　　　　　　　　　　　　　　　　　　　　　　　　　　　　　評価

1. 私は価値ある人間だ。　　　　　　　　　　　　　　　　　　　　　＿＿＿＿＿＿＿

2. 私はほかの人と同じだけ価値のある人間だ。　　　　　　　　　　　＿＿＿＿＿＿＿

3. 私は幸せに生きていくのに必要な資質を持っている。　　　　　　　＿＿＿＿＿＿＿

4. 鏡に映る自分の目をのぞき込むと，楽しく明るい気持ちになる。　　＿＿＿＿＿＿＿

5. 自分が完全なダメ人間だとは思わない。　　　　　　　　　　　　　＿＿＿＿＿＿＿

6. 自分自身を笑い飛ばせる。　　　　　　　　　　　　　　　　　　　＿＿＿＿＿＿＿

7. 今の自分であることを幸せに思う。　　　　　　　　　　　　　　　＿＿＿＿＿＿＿

8. たとえ他人から拒絶されたにしても，自分が好きだ。　　　　　　　＿＿＿＿＿＿＿

9. どのようなことがあろうとも，自分自身を愛し，自分の味方でいる。＿＿＿＿＿＿＿

10. 自分の人間としての成長にだいたい満足している。　　　　　　　　＿＿＿＿＿＿＿

11. 自分自身を大事に思っている。　　　　　　　　　　　　　　　　　＿＿＿＿＿＿＿

12. 誰か別の人になるよりも，むしろ今の自分でありたいと思う。　　　＿＿＿＿＿＿＿

　　　　　　　　　　　　　　　　　　　　　　　　　　　　　合計点　＿＿＿＿＿＿＿

次に，下記の尺度（Gauthier, Pellerin, and Renaud 1983）で自分の自尊心を評価してみてください。

あなたの回答 _____

自尊心に問題があるために，日常の活動で制約を感じることがどのくらいありますか？

あなたの回答 _____

あなたが抱えている自尊心の問題はどのくらい深刻ですか？

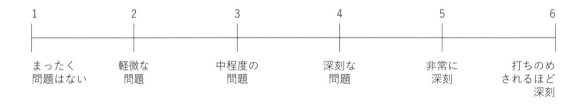

あなたの回答 _____

第2章
自尊心を育むための準備：
身体面における準備

　心と体は結び付いているのです。ですから，精神的に健全な状態でありたいと思うならば，脳を含めて，体の状態にも十分注意を払う必要があります。ストレスや疲労を感じ，精神的に落ち込んでいる人は，運動や栄養，睡眠が不足しているケースが非常に多いものです。こういった人たちは，体のケアには時間がかかりすぎるし，難しいものだと思い込んでいることが少なくありません。それで，体にとって基本的な要求を顧みようとせず手っ取り早い方法を求めがちです。だがそのことによって精神的健康は損なわれ，能力も十分発揮できません。重要なことなのでもう一度言いますが，体への配慮を無視しながら気分をよくしたいと思ってもそれは無理なのです。身体の健康のために時間をかけることは実に賢明な投資なのです。そうすれば，仕事の能率が上がり，時間の節約ができます。さらに重要なのは，気分も改善することです。そして気分は，自分自身をどう感じるかに影響を与えます。

　そこでこの章では，最適な身体的健康を保つために，定期的な運動，健全な睡眠，それに食習慣について簡単な計画書を作成し，それを実践する方法を取り上げることにします。

脳の可塑性

　ストレスと加齢は脳細胞（ニューロン）に，損傷や萎縮や障害をもたらす傾向があります。特に影響を受けるのは，思考と感情制御を行う脳の領域です。しかし，健康的な食事と運動と睡眠によって，ストレスと加齢の悪影響を最小限に抑えるどころか，逆転さえさせることができます。心臓の健康，そして体の健康全般を改善するものが，脳の健康，気分，脳機能をも改善するということがわかったのです。この章で紹介する方法を組み合わせると，以下のような作用によって脳が最良の状態になります。

- 脳への血流を増やす。
- 脳から有毒物質を洗い流す。
- ニューロンと，ニューロンの結合部と，支持組織を強化し，再生する。
- ニューロンの中の炎症と酸化ストレスを弱める。
- 血液脳関門を強化する。それによって，毒素や，炎症を引き起こす分子が脳内に入りにくくなる。

- やせやすくなる。やせているほうが脳の健康によい。

　脳をコンピューターにたとえてみましょう。強力なソフトウェア――後で紹介する，自尊心を高める方法など――があっても，脳のハードウェア（ニューロンの健康と機能）が不調であれば，コンピューターは最高の機能を発揮できません。そこで，この章は脳のハードウェアを強化し，それと同時に体の健康と気分も全般的に改善させる手助けをします。

定期的な運動

　運動は，自尊心と精神的健康全般を改善します。また，睡眠の質をよくし，活力を高め，ストレスの調節を手助けし，やせやすくします。

　目標は，毎日かほぼ毎日，有酸素運動（早歩き，自転車漕ぎ，水泳，階段の上り下り，ジョギングなどの，リズミカルで継続的な運動）を最低30分間，行うことです。筋力（レジスタンス）トレーニングと柔軟性トレーニングを行えば，さらに効果があります。時間が許すなら，このようなトレーニングをプログラムに加えてください。時間がない場合や，負担が重すぎると感じる場合は，有酸素運動だけでもかまいません。ほんの少しの運動でも，まったく行わないよりはましです。デスクから離れて10分間の「エネルギー・ウォーキング」を行うだけでも，元気がわいて，気分が高まることがわかっています（Thayer 1989）。

　最初は軽い運動から始め，ごくわずかずつ運動量を増やしていきましょう。何も，ほかの人と競争しているわけではないのです。運動によって，気分がすっきりし，元気がみなぎることが目標です。体をいためる運動や，心地よい疲労感以上の疲れるような運動は避けましょう。こうして最終的にほぼ毎日30分かそれ以上，有酸素運動をできるようになれば，言うことはありません。そうでなくても，手始めに自分のできることをしましょう。ぜひ，定期的に運動する計画を立ててください。夜なかなか寝つけない人は，夕食前か，それより早く運動しましょう。早朝に運動すると，睡眠リズムを整えるのに効果があります。日光を浴びながら運動すれば，体がビタミンDを分泌しやすくなり，さまざまな形で脳機能が改善されます。また，年齢が40歳以上の人や，心血管疾患の危険因子を抱えている人や，運動を始めるうえで心配なことがある人は，医師に相談してください。

健全な睡眠

　睡眠不足と充実感との間には関連があることが，多くの研究で指摘されています（Diener 1984）。幸い，近年，睡眠を改善させる多くの方法が発見されています。睡眠に関して注意すべき要素は，量，規則性，質の三つです。

適切な睡眠の量

　ほとんどの成人には，一晩あたり最低7.5時間の睡眠が必要です。これに近い平均睡眠時間をとれている成人が，さらに1時間か1時間半よけいに眠ると，たいていの場合，さらに気分がよくな

り，能率も上がります。しかし，今日のライフスタイルでは睡眠時間が少しずつ削られ，多くの成人は慢性的な睡眠不足に陥っています。一晩あたり20〜30分でも長く眠ると，気分と能率の大幅な向上を図れます。多くの睡眠研究者は，ほとんどの人に一晩あたり最低8時間の睡眠を推奨しています。

睡眠の規則性

体の睡眠サイクルを一定に保つためには，就寝時刻と起床時刻を規則正しくする必要があります。就寝時刻が不規則だと（例えば，金曜日と土曜日に平日よりかなり夜更かししたりする），疲労感と不眠につながることがあります。

つまり，自分で必要だと思う時間よりも少し多めに睡眠をとり，1週間を通して就寝時刻と起床時刻をできる限り一定にすることです。毎日の就寝時刻のずれは，週末を含めて，1時間以内に抑えましょう。

睡眠の質

寝室を安らかに眠れる場所にしましょう。電話，コンピューター，テレビ，請求書，仕事，そして気分が高ぶる書籍類は寝室に置かないでください。照明や，光を発する電子機器は，就寝の最低1時間前にスイッチを切ります（電子機器の青い光は特に眠りを妨げます）。また，早朝の日差しが窓から入ってこないようにしましょう。雑音は消すか，ホワイトノイズ（例えば，換気扇の音や自然の音）で隠します。就寝前の4時間は食事を避けます。カフェインやニコチンなどの刺激物も，就寝前の最低7時間は減らすか，避けましょう。アルコールは睡眠を促しますが，時間がたつと，刺激剤として作用して眠りを細切れにしてしまうため，就寝前数時間はアルコールを避けてください。いびきや睡眠時無呼吸によってよく眠れていない場合は，かかりつけ医に相談してください。

食習慣

アメリカ保健福祉省の『アメリカ人のための食生活指針2015〜2020年版』に反映されているように，地中海式の食習慣が脳によいことは多くの研究が示しています。地中海式の食習慣は，脳を保護する抗酸化物質と，ミネラル，ビタミンを豊富に含んでいます。この食習慣にみる特徴は以下のとおりです。

- 魚と植物性食物（野菜，果物，種子，ナッツ，全粒穀物，ハーブ，豆類，オリーブ油またはキャノーラ油）が多い。
- 動物性脂肪（または飽和脂肪。例えば，赤肉《哺乳動物の肉》と加工肉，高脂肪の乳製品），精製した穀物，加糖した飲食物，加工食品とファストフード（概して，糖，塩分，精製した小麦粉，保存料，不健康な脂肪──いずれも最小限に抑えるべきもの──を含んでいる）が少ない。

脳に優しい食習慣は，次のような指針に沿ったものです。

- カロリーの大半を植物性食物から摂取すること。たいていの場合，生のもの，冷凍のもの，最小限に加工したものを選んだほうがよいでしょう。加糖，塩分，脂肪が少なく，繊維をより多く含んでいることが多いからです。
- 肉類，特に赤肉と加工肉（例えば，コンビーフ，ベーコン，ハム，サラミ，ホットドッグなど）をできるだけ少なくすること。皿に盛る肉の量を減らし，可能な場合は常に，皮なしの鶏肉などの低脂肪肉を選びます。肉のかわりに，週に数回，魚介類か肉の代替物——豆類，ナッツ，種子など——を食べます。植物性食物が皿の大部分を占め，肉が付け合わせ程度にある図を想像すれば，これまでの2つの指針がよくわかるでしょう。
- 十分な朝食をとり，どの食事も抜かないことで，一日を通して血糖値を一定に保つこと。朝食には良質のタンパク源（例えば，卵かヨーグルト）を摂取し，タンパク質をすべての食事に均等に配分します。甘みの強いものは血糖値を変動させるので，砂糖入りの清涼飲料水やクッキーなどは最小限にしましょう。
- 水分補給をすること。一日を通して水分をたっぷり摂取しましょう。なぜなら，ほんのわずかな脱水でも，気分と機能を害しかねないからです。体重や，運動量，周囲の状況にもよりますが，最良の脳機能と気分を保つには，最大で13カップ《アメリカの1カップは約240ml》の液体が必要な場合があります。用を足した後に，便器の中を確認してください。尿の色が透明か，薄い黄色であれば，水分摂取がおそらく十分だということです。食前に水をグラス2杯飲むと，減量に役立つこともわかっています。
- いかなる薬物もとりすぎないこと。どのような薬物——カフェイン，アルコール，ニコチン，いわゆる娯楽のための薬物を含む——の過剰摂取も，脳の構造的変化が明白になる何年も前から，脳機能に悪影響を与えうることが脳画像でわかっています。これらの物質は睡眠の妨げにもなります。

身体面に注意を払う：そのための計画表

　行動計画は紙に書いて，それを守ろうと誓うことが非常に有効です。そこで，実行可能と思う行動計画を立て，それを14日間，実践してみましょう。実際にはこの本を読み終わるまで，そしてそれ以降も続けることになるでしょうから，楽に守れる現実的な計画を立ててください。計画の中の目標値に達するまで，数日かけてもかまいません。

1．運動

週7日のうち，毎日かほぼ毎日，30〜90分間。一日最低30分間，有酸素運動を行うよう努力すること。あなたの計画を下に書いてみてください。

2．睡眠

一日 ＿＿＿＿＿＿ 時間（自分で必要だと思う睡眠時間よりもやや多めにすること）。具体的には ＿＿＿＿＿＿（就寝時刻）から ＿＿＿＿＿＿（起床時刻）まで。

3．食事

健康によい選択をしながら，一日少なくとも3食とること。「サンプルメニュー：1週間の食事」の表で1週間のメニューを作成し，以下のガイドラインと照らし合わせてください。

食事のガイドライン

　この食事のガイドラインは，19歳以上のほとんどの人に適したものです。これを参考にすれば，最高の気分と機能を引き出すのに必要な栄養素が，あなたの1週間のサンプルメニューでとれるようになります。よく読んでから，1週間のサンプルメニューを作成してください。そして，作ったメニューがこのガイドラインにどれだけ沿っているか，確認しましょう。

1．あなたが立てた計画は，下に示す各食品群の必要量を満たしていますか？（減量しようとしている人は，必要量の数値のうち少ないほうを使うとよいでしょう）

食品群	一日に必要な量	量を測る際の目安	コメント／摂取できる栄養
果物	1½〜2カップ[※1]	**1カップ** ・通常は，1カップ分の果物または100％のフルーツジュース ・大きめのバナナ1本かオレンジ1個か桃1個，または中くらいの大きさの洋梨1個，または小さめのリンゴ1個 ・ドライフルーツ½カップ	・果物と野菜からは，繊維とエネルギーのほか，さまざまな病気のリスクを低下させる多くのビタミン，ミネラル，植物性化学物質を摂取できます（例えば，カリウムは高血圧のリスクを下げます）。 ・緑，赤，オレンジ，黄色，白など，色とりどりの果物と野菜をとるようにしましょう。 ・週に数回，ブロッコリやカリフラワー，キャベツ，芽キャベツ，ケールなどのアブラナ科の野菜を取り入れましょう。
野菜	2〜3カップ	**1カップ** ・通常は，生野菜か調理した野菜か野菜ジュース1カップ，あるいは生の葉もの野菜2カップ ・乾燥豆（ブラックビーン，ひよこ豆，大豆または豆腐，干しエンドウ，レンズ豆など）1カップ。豆は野菜かタンパク質のどちらか一方で計算し，両方で計算しないこと。	
穀類	5〜8オンス相当[※2]	**1オンス相当** ・スライスしたパン1枚またはミニベーグル1個 ・シリアル1カップ（ラベルを確認すること） ・調理した米かパスタか穀物½カップ ・加熱したポップコーン3カップ ・パンケーキ（約11cm）1枚か，小さめのトルティーヤ（約15cm）1枚 ・イングリッシュ・マフィン½個	・ほとんどの量を，心臓病などの病気のリスクを低下させる**全粒穀物**でとりましょう。全粒穀物には繊維やビタミンB，抗酸化物質，ミネラル，そしてさまざまな植物性の化学物質が含まれています。例としては，オートミールや，全粒小麦，ブルグア，全粒大麦，ポップコーン，玄米，ワイルドライスなどがあります。

食品群	一日に必要な量	量を測る際の目安	コメント／摂取できる栄養
タンパク質	5〜6½オンス相当	**1オンス相当** • 調理した魚，鳥肉，赤身肉1オンス分 • 卵1個 • 調理した乾燥豆¼カップ分 • ピーナッツバター テーブルスプーン1杯分《1杯約15ml》 • 種実類½オンス	• 毎日のように種実類や，調理した乾燥豆（例えば，ぶちいんげん豆，いんげん豆，レンズ豆，大豆／豆腐などの大豆製品）をとりましょう。 • ナッツ類½オンスは，アーモンド12粒，ピスタチオ24粒，半分に割ったクルミ7片に相当します。 • 魚の脂は特に脳に効果的です。週に最低2〜3回，合計8オンス以上，摂取するように心がけましょう。
乳製品	3カップ	**1カップ** • 低脂肪または無脂肪のミルクか，ヨーグルトか，カルシウム強化豆乳1カップ • 低脂肪または無脂肪のナチュラルチーズ（スイスチーズ，チェダーチーズなど）1½オンス • 低脂肪または無脂肪のプロセスチーズ2オンス（アメリカ製）	• カルシウム，カリウム，タンパク質，ビタミンB群，その他のビタミン，ミネラルの主な摂取源。
油	ティースプーン5〜7杯相当※3（おまけ。食品群ではありません）	**ティースプーン1杯相当** • 植物油 ティースプーン1杯 • ソフトマーガリン ティースプーン1杯 • マヨネーズ ティースプーン1杯 • ドレッシング ティースプーン1杯 • ピーナッツバター ティースプーン½杯	• 必要な不飽和脂肪酸とビタミンEが摂取できます。 • オリーブ油とキャノーラ油は特に有益です。 • 市販のスナック類や，焼き菓子，スティック・マーガリン，ファストフードの揚げものに含まれる，トランス脂肪と硬化脂肪を避けましょう。
エンプティ・カロリー（ほとんどが飽和脂肪や添加された砂糖）	不要であり，推奨しません。総カロリー摂取量の10％以下に抑えるように努めましょう。多くの人がこのカロリーをほかの食品群で「使い」たいと考えます。	**通常の1人分の飲食物に含まれるカロリー：** • 加糖されたソフトドリンクまたはフルーツポンチ12オンス＝150kcal • チーズケーキ1切れ（直径約23cmのケーキ半分の⅛）＝620kcal • ジャム テーブルスプーン1杯分＝50kcal • ライトビール12オンス＝110kcal • チョコレートバー2オンス＝250kcal • アイスクリーム1カップ＝400kcal • コーンチップ《コーンの練り粉を揚げた菓子》1オンス＝152kcal • ジャム入りドーナッツ1個＝290kcal	

* 『アメリカ人のための食生活指針（2015〜2020年版）』を改変。さらに詳しい指針のほか，栄養と運動に関する多くの役立つ情報を見るには，www.ChooseMyPlate.gov《英語》を参照してください。上記の表中の量は，乳製品を除き，年齢，性別，活動量によって異なります。ここに記した必要量は，一日あたり1,600〜2,400kcal消費することを前提としています。例えば，若い男性や活動量の多い男性は，必要量の数値の多いほうか，場合によってはそれ以上を摂取する必要があるかもしれません。

※1：アメリカの1カップは約240ml
※2：1オンスは28.35グラム
※3：ティースプーン1杯は約5ml

2. あなたの計画は，必要なすべての栄養を多種多様な食品でとるようになっていますか？　言い換えると，各食品群の中の品目は変化に富んでいますか？（例えば，毎日リンゴを食べるかわりに，バナナあるいはイチゴのようなベリー類も食べてみましょう。）

3. あなたの立てた計画は，「食習慣」の項で述べたガイドラインに沿っていますか？（備考：オンラインで計画表を作って，自分の選択した食事と運動が推奨量にどれだけ近いかを調べたければ，http://www.ChooseMyPlate.govへ行き，アメリカ政府の優れたツール，スーパートラッカーを見つけましょう）

サンプルメニュー：1週間の食事

各曜日にとる予定の食べものと飲みもの，そしてそれぞれの摂取量を書いてみましょう。

	日曜日	月曜日	火曜日	水曜日	木曜日	金曜日	土曜日
朝食							
おやつ							
昼食							
おやつ							
夕食							
おやつ							

まず14日間，実行しつづける

　自分の立てた計画をどれだけ守れているか，14日間，毎日記録してみましょう。この期間中は，必要であればどんな調整でも行ってください。その後，この本を読み進める間も，計画を実行しつづけましょう。14日間のどこかの時点で，後で紹介する「事前評価」と「自分の反応を評価する」を記入してください。この3段階が終了するまで，第3章には進まないでください。

毎日の記録

開始からの日数	日　付	運動（分）	食事回数	睡　眠		
				時　間	就寝時刻	起床時刻
1						
2						
3						
4						
5						
6						
7						
8						
9						
10						
11						
12						
13						
14						

事前評価

　ゆったりと腰をおろし，数回深呼吸をし，リラックスして，次の質問への答えを書き込んでください。

1. 最近，あなたの自尊心はどのような状態ですか？　この質問に対して，「低い」「中程度」「高い」などと答える人，あるいは1-10の尺度などで簡単に答える人もいます。しかし，もっと複雑な答えを書く人もいます。例えば，「実際のところ自尊心は変動するものだ」とか，「自分は強くなりつつあるが，まだ自分の犯す過ちあるいは犯してしまった過ちに苦しむ」とか，「自分または他者の期待に思い悩んでしまう」などという答えです。ともかく自分の状況を正直に認めることは，強く勇敢な行為です。そこで自分を裁かず，他者がどう思うかというようなことを考えずに，今の自分がどのような状態かを観察してみましょう。

2. あなたの生まれ育った家庭は，善かれ悪しかれ，あなたの自尊心にどのような影響を及ぼしましたか？

3. あなたは自尊心を高める方法として，これまでどのようなことを学んできましたか？

4. あなたを人として劣った存在にするものがあるとしたら，それは何ですか？

5. あなたを人として優れた存在にするものがあるとしたら，それは何ですか？

6. 芸術的な表現手段——カラーのペンあるいは色鉛筆，絵の具，クレヨン，フィンガーペイントなど——を使い，自分で自分をどう思うかを別紙に絵で描いてみましょう。自分への感じ方を言葉なしで表現すると，今まで気づかなかったことがわかります。それには魔法のような不思議な効果があります。

　特に質問3, 4, 5に対する回答を見ると，最終的に何が自尊心を強めるのかが理解できます。ただし，それは大半の人の予想とは違っているでしょう。自尊心を高めるのとまさに同じものが，自尊心を脅かすこともあるという点に，あなたは気づいたでしょうか？　例えば，職場での昇給が自尊心を高めるとしたら，昇進を逃したとき自尊心が低下しないでしょうか？　ほめ言葉をかけられたとき自分が優れた人間のように**感じる**としたら，批判を浴びたときは劣った人間のように感じないでしょうか？　愛が自尊心を高めるとしたら，愛情関係の破綻は自尊心をめちゃくちゃにしないでしょうか？

　自分のとる行動や，スキル，才能，性格特性，他者からの受容によって人の価値は獲得されると考えている人が少なくありません。これらは，あるに越したことはありませんが，私に言わせれば，どれもみな自尊心の確立の第一歩としては好ましくありません。では，人間の価値はどこから来るのでしょうか？

自分の反応を評価する

　「私は，生産性というものが悪だとか，軽蔑されるべきものだなどと示唆するつもりはない。それどころか，生産性と成功は私たちの生活を大いに高めることができる。しかし，人間の価値が手や頭で何を作り出すかによって決まるのなら，私たちはこの社会の恐怖戦術に屈することになる。そして自己不信を克服する主な方法が生産力であるならば，私たちは拒絶や批判に対して極端に弱くなり，内なる不安や抑うつに陥りやすくなるだろう。生産性は決して私たちが切望するような深いより所となるような帰属感を与えてはくれない。生産すればするほど，私たちは成功や結果が『くつろぎ』の経験を与えてくれないことを認識するのである。事実，私たちは自らの生産性によって，自分が恐怖に突き動かされているとわかることがよくある。そのような意味で，生産性と不毛性は同じである。いずれも，自分が実りある人生を生きられるかどうか，疑っているというサインになりうるのである」

この引用文は，あなたにとってどんな意味を持ちますか？　四つの文章で答えてください。

1. _____

2. _____

3. _____

4. _____

　ナウエンが示唆するように，価値や，もしかしたら健全な精神状態もやはり生産性から得られないとしたら，あなたは何が自己価値感や健全性を**高める**と思いますか？　それは教えることのできるものでしょうか？　もし子どもに教えるとしたら，どのように教えますか？

　ナウエンはさらに，次のように続けています。

> 「ジャン・ヴァニエ（Jean Vanier）やヴァニエのコミュニティに住む障害を抱えた人たちと暮らしていると，私は自分がいかに成功志向の人間であるかに気づかされる。ビジネスや産業，スポーツ，学問などの世界では競争できず，服を着ることや歩くこと，しゃべること，食べること，飲むこと，そして遊ぶことが主たる『功績』となるような人たちとの生活は，私にとって非常にもどかしいものである。存在することのほうが，何かをなすことより重要だという点を，私も頭では理解したかもしれない。しかし，ほとんど何もできない人たちとただ一緒にいてくれと言われると，自分がいかにその点を実感していないか思い知らされる。こうして，ハンディキャップを抱えた人たちが私の師となり，生産性と，実りをもたらす力は別ものだということを，さまざまな形で教えてくれるのである。生産性の高い人もいれば，そうではない人もいる。しかし，私たちはみな実りをもたらすことを求められている。実りをもたらすことこそ，愛の真髄である」

第2章　自尊心を育むための準備：身体面における準備

あなたは身体的なハンディキャップよりもひどいハンディキャップがあると思いますか？

もしあなたが（精神面，身体面，あるいは情緒面に）ハンディキャップを抱えているとしたら，どのような考え方をすれば正気を失わずにいられると思いますか？

第3章
自尊心は
どのように育まれるか

　何が自尊心をもたらすのでしょうか？　研究結果は非常に明確です。もし自尊心を持ちたいのなら，両親を上手に選ぶとよいのです。自尊心を持っている子どもには，自尊心を体現するような親がいる傾向があります。このような親たちは常にわが子に対して愛情深く，子どもの生活や友達に関心を持ち，そのことを子どもに伝えています。そして子どもとの時間を持ったり，子どもを励ましたりしています。私が思い出すのは，ある男性の話です。その男性は隣人に，「なぜ丸一日かけて息子さんと一緒に自転車を修理していたのですか？　修理店に出せば，1時間もあれば直ったでしょうに」と言いました。するとその隣人は，「いや，私は自転車修理ではなく，子育てをしているのですよ」と答えたそうです。

　自尊心を持っている子どもの親は，子どもに対して高い基準と期待を抱いていますが，その期待は明確で，合理的で，一貫したものであり，親は期待すると同時に子どもをサポートし，励まします。また，しつけは民主的なやり方で行います。つまり，子どもの意見と個性を尊重するのです。ただし，重要な事柄については親が最終的な決定をします。

　端的に言えば，こういった親はわが子に対して実質的に次のようなメッセージを送っています。「あなたのことを信頼しているよ。でも，あなたが完璧なわけじゃないこともわかってる。それでも，私はあなたが大好きなの。だから，時間をかけてあなたを指導したり，制限を設けたり，しつけをしたりするつもり。そして，あなたを信頼しているし，大切に思っているから，あなたができる最高のことを期待しているの」。こうしたメッセージは，専制的な親が伝える不信感や，放任主義の親が伝えるものとは非常に異なるものです。

　しかし，親によるこうした見本がまったくなくても，自尊心を持っている人もいます。ここで非常に重要な疑問が浮かんできます。親による見本がない場合，人はどのようにして自尊心を確立するのでしょうか？　ほとんどの人は，自分のとる行動や，スキル，性格特性，才能，他者からの受容が自分についての価値を与えてくれると考えています。しかし繰り返して言いますが，これらのものはいずれも自尊心を確立する第一歩としては好ましくありません。それでは，何から始めればよいのでしょうか？　まずは「自尊心とは何か」という問題から検討していきましょう。

自尊心とは何か

　自尊心は基本的には概して安定したものですが，思考のありようによって日ごとに変動することがあります。体の健康状態や，体内の化学物質の作用，その人の外見，そして対人関係などが，思考のパターンに影響を与える場合があるのです。このように，自尊心が変動するということは心強い事実です。なぜならそれは自尊心は変えられるということだからです。

　ところで，これから自尊心という問題に取り組むうえで，自尊心の定義がきわめて重要になります。**自尊心**とは，自分自身に対する現実的で好意的な見方です。**現実的**とは，正確で正直であることを意味します。**好意的**というのは，肯定的な感情や，自分自身を好きだという感情を意味します。自尊心が高いとか低いなどと言う人がいますが，そんな言い方をすると，自尊心というものが他者と比較したり競争したりする点数ゲームのように思えてしまいます。人が自分について現実的で好意的な意見を持っている場合，ただ単に，その人は自尊心を持っているとだけ言ったほうが妥当でしょう。下の図は，自尊心の意味をわかりやすく示したものです。自尊心は**自滅的な羞恥心**と**自滅的なプライド**とのちょうど中間に位置しています。

自滅的な羞恥心　　　　　　　　　　自尊心　　　　　　　　　　自滅的なプライド

　自滅的なプライドを持つ人たちは，人間以上のものになろうと努力しています。そして，このような人たちは傲慢で自己陶酔的です。つまり，自分は他者より人間として優れており，重要だと思っているのです。また，このような人たちは，他者を上下関係で——自分と比較して——とらえます。自分が頂点にいるということは，他者は自分よりも下であるに違いないと考えるのです。こうした自滅的なプライドは，往々にして不安感に根ざしています。有名な独裁者の生活暦を調べると，前述のような親による見本がまったく欠けている例が数多く見つかるでしょう。

　一方，**自滅的な羞恥心**あるいは**自滅的なへりくだり**の気持ちを抱いている人は，自分を人間以下だと思い込んでいます。そして，このような人もやはり他者を上下関係でとらえ，自分自身をクズだと見なしています。自らに対して非現実的で非好意的な意見を抱いているのです。

　上記のようなとらえ方とは対照的に，**自尊心**を持つ人は自分が人間以上でも以下でもないと考えています。自分の弱点や未熟な面を自覚しながら，それでも自分であることを深く静かに喜んでいるのです（Briggs 1977）。それはまるで，その人をよく知っていて，いずれにせよ好きでいてくれる仲よしの友人のようです。なぜ好きでいてくれるかというと，欠点と共存する長所や優れた点，そして可能性を認識しているからです。自尊心を持つ人は他者を対等の人，つまり同じ高さにいる存在としてとらえます。

自尊心と関連する概念

　自尊心やそれと関連する概念は，やや紛らわしく複雑なので，自尊心の問題はないがしろにされることがよくあります。ここで自尊心に関連する概念を明確にし，そうした紛らわしさを少しでも解消しましょう。

アイデンティティ

　アイデンティティとは，「自分は何者なのか？　自分自身や，自分の本質的な性格を特徴づけるものは何なのか？」という質問に対する答えといえます。アイデンティティは，自意識や個性を与えるものです（例えば，ある女性のアイデンティティが妻という役割のみから生じていることもあれば，対麻痺の人のアイデンティティが，不自由な体ではなく真の自己または内なる自己に規定されていることもあります）。

評価する

　人を評価するということは，ある事柄または人物をよく思い，重んじ，楽しいと感じること。ありがたく思うこと。その資質や価値を**正しく**見積もることです。

受容する

　これは，誰かまたは何かを快く受け入れる（つまり，自分のものとして取り入れる）こと。是認すること。信じること。誰かまたは何かについて承認の反応を示すこと。**自己受容**とは，自分を信じ，好意をもって快く自分を受け入れることです。例えば，人は自分の弱点を正しく認め，向上しようと決意しながら，なおも自己を受容することができます。その人は心の中で次のようなやり取りをするかもしれません。「私は自分の欠点を認める。自分のことは愛しているが，必ずしも自分の行動すべてが好きなわけではない。でも行動を改善していけば，自分自身に対して**だけでなく**自分の行動に対してもよい感情を抱ける」と。

自己確信

　自己確信とは，一般に自分の能力を信じることですが，それは能力や自己効力感とも関連しています。能力が高まれば，自己確信も高まります。より広く深い意味で言うならば，**自己確信は人としての自分を信じることであり**，「自分はそれをやれるのだ」という漠然とした感覚をもたらします。自己確信を持っている人は，自分に対して次のように語りかけるかもしれません。「人は誰でも，十分な時間や練習の機会，経験，そして必要な資源などを与えられれば，たいていのことはできる。だから，私にだってできないはずはない。もちろん完璧に遂行したり，素早く成し遂げたりするのは無理かもしれないが，こうすることは方向性としては好ましいはずだ」。能力を示せば，満足感が得られます。しかし，能力を示すことは自己価値感を確立するための方法ではなく，自己価

値感から生じる結果なのです。

　能力と自己確信の両者は，自尊心と強く関係していますが，自尊心を生むわけではありません。もし自尊心の根拠を能力や功績に置くのなら，失敗したとき，価値がまったくないことになってしまいます。

プライド

　イギリスの聖職者，チャールズ・カレブ・コルトン（Charles Caleb Colton 1780-1832）は，プライドというものは，「一部の人を滑稽にしてしまうが，ほかの人たちを滑稽になることから守ってくれる」と述べています。この言葉が示唆しているように，自尊心に関連するプライドには2つの側面があります。それは，自滅的な面と健全な面です。

　先にも述べたように，**自滅的なプライド**というのは，自分が他者よりも人として優れているとか，価値があるとか，重要だというような考え方です。このような人たちは自分を実際より有能で，人の助けを必要とせず，間違いは犯さないと見なしてもいます。自滅的なプライドの同義語は，尊大，傲慢，うぬぼれ，見栄張り（自分を印象づけようとすること），虚栄心（称賛されたいという過剰な欲求），自己中心主義（利己的。自意識過剰。人を利用する傾向）なのです。自滅的なプライドはたいてい，恐怖（無防備であることに対する恐怖など）や，自己防衛の欲求に根ざしています。

　一方，**健全なプライド**とは，自分自身の尊厳あるいは価値についての現実的な感覚であり，自分を大切に思うことであり，自分の功績や才能，功労，ある集団（例えば家族，民族など）に属することなどへの感謝と喜びの気持ちがあります。

へりくだり

　謙遜にも自滅的な面と，健全な面の二つの側面があります。**自滅的な謙遜**とは，弱々しく服従することであり，侮蔑に値するということであり，自分を大切に思う気持ちが絶望的なまでに欠けていること（例えば，自分をクズだと思うこと）です。

　その一方で**健全な謙遜**には，自滅的なプライドがなく，自分の欠点または弱点を認識し，至らない部分や知識不足を自覚しています。そして人の教えを素直に聞くことが含まれます。健全な謙遜は，どの人の価値もみな同等だという認識のあることです。そして，健全な謙遜は（よい意味で）控えめな行動と関係があります。つまり，穏やかで，辛抱強く，簡単には怒りに駆り立てられないということなのです。

　自尊心を持つ人は，健全な謙遜と健全なプライドが共存しているものです。自分には学ぶべきことがまだまだあると認識しているのでへりくだりますが，それと同時に，自分にはほかのあらゆる人間と同じ尊厳と価値があると認めて，プライドを抱いているのです。

　以下の笑い話（De Mello 1990）は，健全な謙遜が欠けた人間を描いています。

- 師が弟子に次のように助言しました。「雨が降るなか，外へ出て，両腕を天に向かって伸ばしてみなさい。そうすれば神の啓示が得られるでしょう」

- 次の日，弟子は師に報告しました。「先生の指示に従ったところ，雨水が首をだらだら伝い落ちました。まったく私はバカみたいでしたよ」
- すると師は，「1日目にしては素晴らしい啓示を受けましたね」と答えました。

利己主義

　自尊心と利己主義を同じものだと誤解している人がいます。そこで，重要な原則を述べておきましょう。自尊心の目的は，自己を超越することにあります。自意識過剰は，目が自己の内側にばかり向いている苦しい状態です。しかし，愛でもってその苦しみを癒せば，視野を外側に広げ，もっとのびのびと他者を愛したり人生を楽しんだりできるようになります。自尊心を持っている人は，揺るぎない基盤に立って自らの選択で他者を愛します（これは例えば，自尊心も選択肢も持たない共依存の人とは対照的です）。したがって，自尊心の確立には最大限の努力をつぎ込む価値があるのです。

費用対効果分析

　自尊心を確立しないのは，その方法がわからないからだという人もいます。一方，信じがたい話でしょうが，自分を嫌悪することに明らかなメリットがあるため，自尊心を確立しようとしない人もいます。自尊心の確立に時間をつぎ込む前に，有能な経営者が新しい計画を立案する際のやり方を真似てみましょう。それは費用対効果分析です。まず，あなたが思いつくままに，自己嫌悪をもつことで得られるメリットをリストアップしてください。それを終えたら，デメリットをリストアップしましょう。

自己嫌悪のメリットの例

- リスクがない。つまり，私自身もほかの人も私に期待をかけないので，怠けることができるし，目標も低く置けばよい。そうすると，私のこともほかの人のこともほとんど失望させずに済む。
- 世界が予測可能である。自身自分を受け入れていないので，周囲の人が私を受け入れなくても理解できる。私は何にも挑戦しなくていい。
- 少なくとも初めのうちは，同情や注目を得ることがある。
- 自己嫌悪感をもつのは私の家族の習性だ。家族と同じようにすれば，自分がみんなに溶け込んでいるような気になれる。
- 自己嫌悪感のおかげで，自滅的なプライドを抱かずにいられる。
- 身なりのだらしなさを，自己嫌悪のせいにできる。

自己嫌悪のデメリットの例

- 強い苦痛を感じる。
- 人生がおもしろくない。
- 心身症や病気につながる。
- 悪循環を引き起こす。つまり，自分に対する評価が低いため，挑戦しようとしない。そうすると周囲の人が私を粗末に扱うようになる。周囲の人は，私が悲観的で無気力なのは無能だからだと解釈する。このように周りが私を軽んじることが，低い自己評価の裏づけとなる。

それでは今度はあなたが考えたものを下段のところに書き込んでください。

あなた自身のメリットとデメリット

賛成意見／メリット （自己嫌悪感を持つことのよい点は……）	反対意見／デメリット （自己嫌悪感を持つことの悪い点は……）

情緒的変化によるメリット

　上記の分析を行うと，非常に重要な疑問がいくつか生じてきますが，その究極の疑問は，情緒的，身体的，あるいは社会的な損害があるという意味で，自己嫌悪は自分にとって問題となっているのだろうか？」というものです。ほかにも疑問が浮かびます。注目されたい，助けてもらいたい，安全でありたいなどの欲求を満たしながら，自尊心を築く方法はあるのだろうか？　自尊心の恩恵を被るためなら，自己嫌悪がもたらす利益をいくらか失うとしてもかまわないだろうか？

　変化が起きるとどうなるのか，あらかじめ知っておくと安心だという人もいます。自分に対して

現実的で好意的な意見を抱いた場合，どのようなよい結果が得られるのか──答えを考えてみてください。

答えの例を挙げてみます。

- 人からの説得に屈しにくくなるだろう。
- 恐怖に突き動かされることが減るだろう。
- 楽しみや個人的な満足感のために行動することが増えるだろう。
- もっと幸せになれるだろう。
- 挑戦することが増えるだろう。
- リスクを負うことが増えるだろう。
- 自分の不完全な部分をもっと気楽に受け止め，それに対処する気になるだろう。
- もっと幸せな愛情関係を築き，そんな関係に値しないパートナーとは無理につき合いつづけることがなくなるだろう。
- もっと気楽に自分の感情を表明できるようになるだろう。
- 利己主義や自己防衛が弱まるだろう。
- ものごとがうまくいかなくても，自分自身や自分の行為に疑問を抱くことが減るだろう。
- くよくよ心配することが減るだろう。
- 人から敬意を払われ，大事に扱われやすくなるだろう。
- もっと魅力的だと思われるだろう。
- もっと人生を楽しめるだろう。
- よりよい，客観的な意思決定ができるようになるだろう。
- 自分が理想とする偽の人物像ではなく，ありのままの自分が好かれていると感じるようになるだろう。

あなたの答えを書いてください。

どのようにして自尊心を築くか

自尊心を変化させようとするならば，まずは自尊心の土台となる要因を理解しなければなりません。自尊心の土台となるのは三つの連続した要素，つまり(1)人としての無条件の価値，(2)愛，そして(3)成長することです。

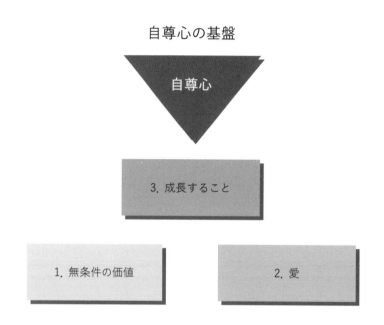

自尊心を築くには三つの要因すべてが不可欠ですが，その**順番**がきわめて重要なのです。つまりまずは無条件の価値，次に愛，そして最後に成長することが，自尊心の土台となるのです。「成長すること」（あるいは「開花に向かうこと」）とは，好ましい方向へ進むことを指します。しかし，自尊心を築こうとするとき，多くの人は挫折感を覚えます。それは，まず成長することから始めようとし，その前の重要な要素——無条件の価値と愛——を飛ばしてしまうからです。確固たる基盤がなければ，自尊心は崩れ落ちます。ですから，近道をしない順序立った取り組み方が最善なのです。

そこで，本書はこれから先，健全な自尊心の確立に不可欠な各要因をマスターするため，必要なスキルの養成を順番に取り上げていきます。「第一の要因」の項では人間としての無条件の価値に焦点を当て，「第二の要因」では愛について論じ，「第三の要因」では成長することをテーマとします。

II
自尊心のスキル

第一の要素

「無条件の人間の価値」の真実性

第4章
人間の価値についての基礎知識

　人間の**無条件の価値**とは，あなたが人として重要で価値があるということを意味しています。なぜなら，あなたのなかに本質的なものとして存在する中核自己というものは，唯一無二でありかつ貴重なものだからです。それは無限で永続的な不変の価値をもち，善良なのです。無条件の人間の価値とは，あなたがほかのすべての人と同じだけ尊い存在であることを意味しています。

ハワードによる人間の価値の原則

　無条件の人間の価値は次に示す五つの原則で説明することができます。この原則はクローディア・A・ハワード（Claudia A. Howard）の研究（1992）を基にしており，私はこれを「ハワードの原則」と呼んでいます。

1. すべての人間は，**人として**無限で本質的に永続する無条件の価値を持っている。
2. すべての人間は人として同等の価値を持っている。人間の価値は比較したり，競い合ったりするものではない。人はそれぞれスポーツや，学業，仕事，社会的スキルなどにおいてほかの人よりも優れているかもしれないが，人間としての価値はみな同等である。
3. 外的な要因は人間の価値そのものを上げもしないし，下げもしない。外的な要因とは，財力や，外見，能力，業績などのことである。これらのものは人の市場的・社会的価値を高めるだけである。要するに，人としての価値は無限であり不変なのである。
4. 人間の価値は確固たるものであり，仮に他者から拒絶されたとしても決して揺らぐことはない。
5. 人間の価値というものは，それを獲得したり，証明したりするようなものではない。なぜなら，それは本質的なものとして存在しているからである。ただその価値を認識し，受容し，理解すればよい。

中核自己

　人間には「本質的で，スピリチュアルな自己」とも呼ばれるような**中核**をなすものがあります。それは，いくつもの面が陽光を美しく反射する球状のクリスタルのようなものです。

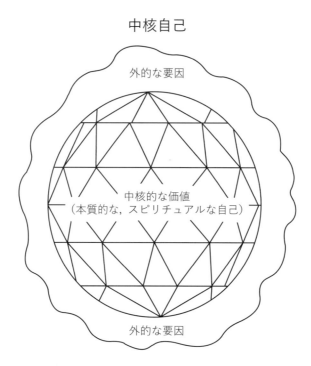

　生まれたばかりの赤ん坊と同じように，この中核をなすものは根本的によいものであり，欠けたところがなく完全なものなのです。ただし，まだ完成したものではありません。ここでいう**完成**とは，100％仕上がった状態という意味です。人は，すべて人に備わったありとあらゆる必要不可欠な特性を持っています。そういう意味では人は**完全**なのですが，それらの特性はまだ未完成の状態です。中核というものは美しく，愛らしく，そして可能性に満ちています。ジョージ・デュラント（George Durrant 1980）という，優しく愛情深い教師が語った逸話を聞けば，この中核自己が内的なものであることがわかります。

　　ある父親が息子たちと床の上でレスリングをしていましたが，疲れたので死んだふりをしました。こうすれば休めるからです。しかし息子たちはとても心配しました。そこで，兄のほうが父親の目を開けてのぞき込むと，弟を安心させるように，「お父さんはまだ**中**にいるよ」と言いました。

　つまりその**中**にあったのは中核自己です。でもこの中核は，時がたつにつれて外的な要因に覆われるようになります。外的な要因の中には，まるで水面を覆う汚い薄膜のように中核を隠してしまうものもあります。しかし，いわば後光のように，中核を輝かせて，中核が放つ光を見たり感じたりさせてくれる外的要因もあります。例えば，過ちや批判は中核を隠し，自分の価値を見たり感じたりすることを困難にしますが，一方，他者からの愛情は自分に価値があることを感じるのに役立ちますし，才能を人のために用いることは価値を表現する手段の一つです。ただし，こういった要因は価値の感じ方を変えますが，価値そのものを変えるわけではありません。

　内に抱えている羞恥心や無価値感を隠すために，表面を繕うことに労力を費やす人もいます。しかし，内に抱えている虚無感を満たすために外的な要因を利用したとしても，依然として虚無感は

残るはずです。おそらく，常に他者からの承認を追い求めるか，シニカルな態度をとるようになるでしょう。例えば，精神科医は毎日，多くの患者から「先生，私は成功しているのに，なぜこんなに不幸なのでしょうか」と尋ねられるといいます。

　人間の中核的な価値というものは不変であり，個人的な業績などの外的要因を通して獲得することは不可能です。中核的な価値はすでに存在しているものなのです。以下に外的要因を列挙してみましょう。

人としての価値はこれら外的要因とは無関係です

活力のレベル	純資産，時価資産	現在の機能的レベル
外見	声	態度
強さ	洋服	日常の自己評価
知性	車	業績
学歴	スピリチュアリティ	清潔さ，身だしなみ
性別	教会活動	病気，健康
人種，民族，肌の色	周囲からの尊敬	生産性
学業成績	幸運	回復力
スキル	家族に対して抱かれている	自信
気さくさ	イメージ	ものごとをコントロールする力
才能	親の地位または名声	利己的かどうか
創造力	性格的特徴	感情
障害	既婚，独身の別	
物質面で恵まれていること	デートの相手	**比較**
富	権力	他者と比べての能力
過ち	善良であること	（スポーツ，給料など）
行動	経済情勢，株式市場の状況	
決定	経験不足	**他者の評価**
身分，地位		自分に好意を持っている人の数
身体的健康		他者からの承認や受容
礼儀		自分に対する他者の接し方

実例

　自尊心をもつ人は中核自己に目を向け，その本質をよく理解しています。そして欠点とされるものの，これは「中核の外側にあるものと見なし，そこに注意を向けて改善し成長させる必要があるけれども，もし変えられないのなら受容すべきだ」ということも認識しています。次の四つの例は中核的な価値という概念をわかりやすく示したものです。

下記の活気あふれる少年の例は，われわれを勇気づけてくれます。少年は車椅子の生活を余儀なくされているのですが，淡々とこう述べている。「脚に命令する神経が，腫瘍によって破壊されたんだよ」。この少年は中核的価値というものを外的なものとは切り離す方法を知っていたのです。

もう一人，内なる静かな喜びを表した人がいます。それはかつて私の生徒だったケン・カーク（Ken Kirk）です。彼は次のような詩を作りました。

もしも私が

もしも私が木になれたら，
全人類のために日陰を作るだろう。

もしも私が海になれたら，
航海をするすべての人のために穏やかでいるだろう。

もしも私が太陽になれたら，
生きものすべてに温もりを与えるだろう。

もしも私が風になれるなら，
夏の暑い日に涼しいそよ風になるだろう。

もしも私が雨になれたら，
大地を肥沃に保つだろう。

しかし，この中のどれか一つになるということは，ほかのものにはなれないということである。
だから私は，もし何かになれるとしても，今の私にしかならないだろう。

ヴァージニア州には，植民地時代風の美しいB&B《朝食付きの宿》がいくつかあります。私は素敵な石造りの暖炉のある宿に宿泊していたとき，木製のアヒルの置物を見ました。それは大きくて，彩色は施されていませんでした。おそらく植民地時代の農民によって彫られたものでしょうが，それがあるおかげで，家庭的な雰囲気の部屋に上品さが添えられていました。暖炉の近くには大きな薪があり，夜間の気温が低かったため，それは大変ありがたいものでした。私が，木製の置物と薪ではどちらがより価値があるかを学生に聞いたところ，ある女子学生はじっくり考えて，「価値はどちらも同じです。両者はただ互いに異なるというだけです」と答えました。

私の友人の女性教師が生徒と一緒にバスに乗っていました。そのバスがほかのバスと衝突し，多くの負傷者が出ました。彼女は「事故の後，子どもたちが自ら動いて助け合っている姿を見ました。そのとき私は彼らの価値が真に理解できました」と述べたのです。出来事は私たちが価値を**理解**するのに役立ちますが，それは中核的な価値を上げたり下げたりするわけではありません。

外的要因から価値を切り離す

外的な要因から中核的な価値を切り離すことこそ，自尊心を確立する最大の目的です。

外的要因から価値を切り離すことは，現代文化においては困難なことです。テレビ番組やその他の娯楽メディアからは，若さや，大胆さ，美しさ，裕福さといった特徴を持たなければ人間として価値がないというメッセージが伝わってきます。また，現代の慌ただしい都市生活を見ていると，立派な人間になりたければエネルギッシュに動き回り，成功しなければならないというメッセージが感じ取れます。非常に極端な言い方ですが，勤労を善とする現代の考え方は，「寝ていたり休暇を楽しんだりして何も生産しなければ，人としての価値を失ってしまう」とさえ感じさせます。

ここで人間の価値に対する二つの見方を考えてみましょう。一つ（最初の図）は，価値と外的要因は等しいというもの。もう一つ（2番目の図）は，価値と外的要因は別個だというものです。

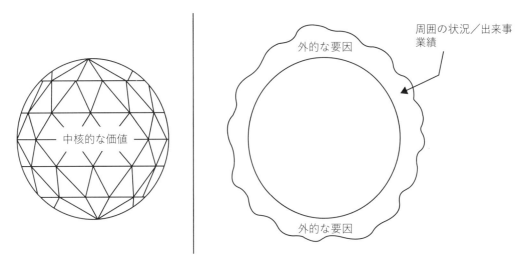

Claudia A. Howard の Individual Potential Seminars の許可を得て使用。後出の二つの図も同じ。

価値と外的要因が等しいとき

価値と外的要因が等しい場合，自尊心はさまざまな出来事とともに上下します。例えば，ある女子高生は，鏡に映った自分の肌の色を見ると，自分の価値が低いように感じるかもしれません。ハンサムな男性が挨拶をしてくれると気分がよくなりますが，その男性がデートに誘ってくれない場合は気分が落ち込みます。洋服をほめられた後はとてもいい気分になりますが，難しい数学の試験

の後は嫌な気分になります。ハンサムな男性とつき合いはじめれば，いい気分になりますが，別れたときはみじめな気分になります。この高校生の感情はまるでジェットコースターのように変動するのです。

　大人の場合，気分が高揚するのは，昇進したときや，賞をもらったとき，または医学部を卒業したときなどでしょう。逆に気分が落ち込むのは，批判されたり，仕事がうまくこなせなかったり，ひいきのチームが負けたりしたときかもしれません。

　もしあなたの価値が仕事や結婚生活と等しければ，もうこれ以上は昇進しないと気づいたり，離婚してしまったりした場合，どう感じるでしょうか？　おそらくあなたの感情は，正常で妥当な悲しみや落ち込み以上のものになるでしょう。自分の価値に疑問が生じると，たいていは抑うつ状態になります。もし人間の価値が経済的な価値と同じであれば，財力や権力の持ち主のみが価値を持っていることになります。この理屈でいくと，億万長者やヒットラーはマザー・テレサよりも人間としての価値を持っていることになります。

価値が外的要因とは別個であるとき

　価値が外的要因とは別個である場合，人間の価値はもともと備わった不変なものであり，外部の出来事や状況とは無関係になります。そうであれば，私たちは出来事や行動に関する苦い感情（罪悪感）と，中核自己に関する苦い感情（羞恥心）を区別します。愚かな行動をとったことについての罪悪感は，変化を遂げるための健全な動機づけになります。一方，中核を責めたりすれば意欲がなくなります。

　要は，行動について判断するのであって，中核については判断しないということです。行動や現在のスキルの程度を判断するのであれば，私たちは客観的になることが可能です。しかし，中核にある自己を責めたとき，理性的または客観的になることは困難です。

　また，失望や，病気，疲労，体内物質の変動，怒り，不安などから生じる不快な気分も，中核自己への苦い感情と区別する必要があります。

　何か問題が起きた場合について考えてみましょう。仮に，あなたが望んでいた昇進をほかの誰かが果たしたとします。あなたは「おそらく，私の何らかのスキルがまだその仕事をするには不十分なのだろう」と自分自身に語りかけるでしょう。これは自分のスキルの程度や，経験，訓練の度合いを判断した，事実に関する言葉です。こう考えれば失望しすぎることもないでしょうし，もしかしたらスキルを高めようという決意につながるかもしれません。一方，もしあなたが「人間として私には足りないものがある」と自分に言い聞かせるなら，これは自分が人として劣っているという，価値に関する考え方になります。この自己破壊的な考え方は明らかに自己嫌悪をもたらすでしょうし，抑うつにもつながりかねません。したがって，決して中核ではなく，自分の現在のスキルと能

力を判断してください。

なぜ一人一人が価値を持っているのか

この節は，無条件の価値という概念をなかなか受け入れられない人のために書きます。私の頭には，自尊心の講座に参加していた，教養ある50歳の男性のことが思い浮かびます。知的で聡明なその男性は，人間の価値の原則を聞きながらも，なかなか受け入れられずにいました。信じたい気持ちはあるようでしたが，なぜすべての人間が，欠点を持ち愚行を犯しながらも価値を持っているのか理解できない様子でした。しかし，最終的には納得して，とても喜んでいました。

まず，いくつかの質問を提示したいと思います。なぜ人は，これまでに偉業をなしたわけでもない2歳の女の子を，何百万ドルも費やして井戸から救出しようとするのでしょうか？　なぜ私たちは赤ん坊を愛するのでしょう？　私たちが犬や無生物と似ている点は何でしょう？　違う点は何でしょうか？

人間は少なくとも四つの理由で価値があります。

1. **現在，持っている資質**

人間が生まれつき持っている性質は，見ていて快いものです。子どもが落ち葉の中で遊んだり，自然の美しさに反応したりするのを見るのは楽しいことです。子どもを愛することや，子どもがその愛に応えて笑顔を見せたり，喜んだり，遊び心や愛情を示したり，わくわくしながら安心して世の中に出て行ったりする姿を見ることは楽しいものです。

2. **能力**

人が醜悪な振る舞いを見せたときでも，何らかの方法でその人たちの生活が美しく変わるのではないかと考えてみるのは楽しいものです。例えば，芸術や工芸などの創作活動や，喜び，受容，励ましなどの感情，そして笑い，仕事，愛といったもので生活は変わるかもしれません。能力は生まれ持ったものであり，それを発見して伸ばしていくことは可能です。私たちは過ちを犯しても，軌道修正する能力を持っています。このように，人間は誤りを犯しがちでも無限に完全へと近づくことができ，「食物だけでなく，希望をも生きるエネルギーに変える能力」(Cousins 1983)を持っていることがわかります。神学者は，人間が神の姿を模して創られたという考え方を口にしますが，それは人間が種子のようなものだということです。つまり，どの人もみな種子のように，欠けたところのない完全な存在ではあるけれども，完成されてはおらず，考えうる限りのあらゆる能力を未完成の形で持っているのです。それは理性的にものを考える能力や，感情を表現する能力，自分を犠牲にする能力，愛する能力，倫理的な選択を行う能力，真実と価値を認識する能力，創造する能力，何かを美しくする能力，そして優しさや忍耐強さ，確固たる信念を持つ能力などです。

3. **過去の貢献**

他者や自分の幸福にたとえ一度でも——方法や程度はどうあれ——貢献したことがあるなら，その人は価値のある人間です。

4. 体（からだ）の精巧さ

体は外的なものですが，中核自己を見事に象徴しています。現代文化において影響力を持つものの多くは体を「モノ化」する傾向があります。メディアは，他者を快楽の手段として利用することを奨励します。性的・身体的虐待を受けた人も少なくありません。体を不当に扱われた人は，体を忌まわしいものと見なすようになるでしょう。さらに危険なのは，そういった人が中核自己を低く評価するようになることです。一方，体の驚くべき複雑さについて敬意をもって考えてみれば，中核自己の価値を正しく理解するのに役立ちます。（この重要な問題は第15, 16章で再び取り上げます。）

人はときどき，「もし私が醜かったり，体に障害があったりしたら，どうなるのでしょう？　どのように自分の価値を感じればいいのでしょう？」と尋ねてきます。そんなとき私は質問者に，「自分の体の一部または全体が麻痺していると想定して，それでも自らの価値を主張したり感じたりできる方法を考えてみてください」と言います。返ってくる答えには，教わることが少なくありません。

- 私は目を通して愛を伝えることができる。
- 私は人からの手助けを受け入れることや，お世話を受けることを学べる。
- 私は考え方を変えることができる。自分という存在は，体だけでできているのではないと定義することを学べる。
- 私は意志を示すことができる。（方法は，目に映るものの貴重さを認識することや，指を動かそうとすること，知性を磨くことなど）

繰り返しになりますが，根本の概念をもう一度，書きます。価値というものは，すでに存在しているのです。あなたが寝ていようが仕事をしていようが，価値は存在しているのです。中核は，行動や地位といった外的要因以上のものです。私たちの課題は中核的な価値を感じ，それを喜ぶことなのです。

価値というものは比較したり競い合ったりするものではありません。以下に述べる父親の経験はそのことを示しています（Durrant 1980）。

> 私の三人の子どもが公園のブランコで遊んでいました。二人の子どもはすでにブランコを漕げるようになっていました。子どもがブランコを漕げるようになった日というのは，どんな父親にとってもうれしいものです。二人はブランコをかなり高くまで漕いでいて，そのうちの一人であるデヴォンが「私，キャサリンに追いつこうとしているんだ」と言うと，キャサリンはデヴォンのほうを見て，「私はデヴォンに追いつこうとしているんだ」と言いました。二人のブランコの動きはぴったり合っていましたから。幼いマリンダが乗っていた真ん中のブランコは，そよ風が吹いていたおかげで，ほんの少しだけ揺れていました。そのマリンダは，姉たちの「お互いに追いつこうとしている」という言葉を聞いてこう言いました。「私はただ自分に追いつこうとしているの」

たとえ年齢が幼くても，子どもは比較や競争とは無縁の，もとから備わった価値という概念を理解することできます。そして，それを理解したほうが幸せになれるはずです。

無条件で平等な人間の価値についての言葉

以下に紹介する人間の価値についての言葉をじっくり考えてみてください。それが済んだら，第5〜9章，つまり人間の価値に関するスキルを養成する作業へ進んで結構です。

> 私たちは個人個人が作る楽園の平等な居住者［であり］，
> そこでは誰もが理解される権利を持っている。
> ——リチャード・ローティ（Richard Rorty）《哲学者》

> 私たちは以下の事実を自明のものと考える。
> すべての人間は平等に創られ，生存，自由，そして幸福の追求といった，
> 奪うことのできない権利を創造主から与えられている。
> ——アメリカ独立宣言

> 私たちは基本的にみな同じ人間で，
> 幸福を求め，苦痛を避けようとします。
> 誰もが私の仲間です。
> 「私には価値がない」というあなたの考え方は間違っています。
> 完全に間違いです。
> ——ダライ・ラマ

> おまえはほかの誰にも劣らず，素晴らしい人間だよ。
> ——マーティン・ルーサー・キング（Martin Luther King）に対して父親が語った言葉

> おまえはほかの誰にも劣らず素晴らしい。
> でも，ほかの人より素晴らしいわけではないことを忘れてはいけないよ。
> ——バスケットボールの名コーチ，ジョン・ウッデン（John Wooden）に対して
> 父親が語った言葉

> 寝ているときは，どの人間もよく似ている。
> ——アリストテレス

> ［私たちは］神の姿を模して創られました。
> それは善良な神，美の神です……神は自分の創造物が善良だと宣言しました。
> ——レベッカ・マンリー・ピパート（Rebecca Manley Pippert）
> 《キリスト教の講演者・著述家》

> 私たちは自分自身を本質的な奇跡と見なす必要がある。
> ——ヴァージニア・サティア

> 人間は，欠点があるという人間くささを持ちながら，
> 同時に偉大な人物でもあることができる。
> ——スティーヴン・L・リチャーズ（Stephen L. Richards）《モルモン教会の長老》

　　　　　ヒーローは校名の入ったジャケットを着る必要はない。
　　　　　　私たちは自分が誰であるかを知っている。
　　　　　　　　──イーヴル・クニーヴル（Evil Knievel）
　　　《バイクでの大胆なスタントで世間をわかせたアメリカ人》

　　　　　　自分の価値を周囲の状況や他者に決定させると，
　　　それらのものや人に不適切な支配力と権力を与えることになる。
　　　　　　　　　　　──発言者不明

　　　　人間の価値が，手や頭で何を作り出すかによって決まるのなら，
　　　　　　私たちはこの社会の恐怖戦術に屈することになる。
　　　　　　そして自己不信を克服する主な方法が生産力であるならば，
　　　　　　　　私たちは拒絶や批判に対して極端に弱くなり，
　　　　　　　　　内なる不安や抑うつに陥りやすくなるだろう。
　　　　　　　　　　　──ヘンリ・J・M・ナウエン

　　　　　私は赤ん坊について今まで聞いてきたありふれた表現が，
　　　　　　　　　　みな真実だと感じている。
　　　　　　　赤ん坊は柔らかく，温かく，魅力的で，愛らしい。
　　　　　　　そうでない赤ん坊には一度も会ったことがないが，
　　　　　　　　このことはとても素晴らしいことなのである。
　　　もし赤ん坊が愛らしくなかったら，実は赤ん坊にはとても手がかかり，
　　　大いに苦労させられるという事実に私たちは喜んで耐えたりしないだろう。

　　　　　　　　　　赤ん坊は可能性そのものである。
　　　　小さい赤ん坊を抱くと，その軽さに驚嘆するが，同時に自分は未来を，
　　　　　　そして大地や空や太陽や月を抱いていると感じるだろう。
　　　　　　　　　　そのすべてが真新しいものである。

　　赤ん坊はまた，世界を変えるという使命を広い視野で眺めさせてくれる。
　　　　　　　　　しかし赤ん坊のおしめを替えるときは，
　　　　　　　　世界を変えるという使命は保留しなければならない。
　　　──チャールズ・オズグッド（Charles Osgood）《ラジオ・テレビのコメンテーター》

第5章
自己破壊的な思考を認識し，置き換える

　人間はみな無限の価値を持っていますが，必ずしもすべての人が自分自身の価値を認識しているとは限りません。その主たる理由は，否定的で抑うつ的な思考パターンがその人の自己価値感を蝕んでいるからです。ここで注意してほしいのは，私たちの価値そのものが蝕まれていると言っているのではなく，価値を感じる能力が蝕まれているのだということです。

　次の状況を考えてみましょう。廊下で上司がしかめ面をしてジョンとビルの横を通り過ぎました。その時ジョンは「まずい，上司は私に腹を立てている」と考え，自らを責めはじめました。一方のビルは「たぶん，上司はまた幹部とやり合ったんだな」と考えて，動揺することなく，ただそのことを気にかけただけでした。両者の違いは何でしょうか？　それは出来事そのものの内容ではなく，出来事についてのジョンとビルの考え方の違いです。

　心理学の一分野である認知療法では，自尊心をふみつぶし抑うつにつながるような特定の思考パターンがあることを見出しています。これらの思考パターンは学習されたものであり，除去することができるのです。認知療法では，効果的かつ簡単な方法でこれらの自己破壊的な思考を取り除き，より合理的な思考に置き換えることが可能です。心理学者のアルバート・エリス（Albert Ellis）が開発したモデルは下に示すように単純です。

A　　　　　　　　　　　　　B　　　　　　　　　　　　　C

　A――Activating event――は，きっかけとなる（つまり心を動揺させる）出来事です。B――Belief――は信念（自動思考）であり，私たちがAの出来事について自分自身に語りかける事柄です。C――Consequence――はそれによる感情的な結果（無価値感や抑うつといった感情）です。ほとんどの人はAがCを引き起こすと考えますが，実際は自分への語りかけであるBの部分がCに影響するのです。

自動思考と歪み

　動揺するような出来事が起きると，そこには自動思考が生じます。私たちはさまざまな出来事について合理的に考える能力を本来誰もが持っていますが，ときどきこの自動思考が歪んでいたり，過度に否定的であったりします。しかし，この歪んだ自動思考は瞬時に現れるので，私たちはそれになかなか気づきませんし，ましてやその思考について疑問を持つことは困難です。しかし，これらの自動思考は私たちの気分や自己価値感に大きな影響を与えます。そこで，ここでは歪んだ自動思考をとらえ，その思考の正当性を疑い，抑うつを引き起こすような思考に代えて，より現実的な思考に置き換えることを学んでいくことにします。

　歪んだ自動思考のパターンというものは13種類に分類できます。以下にこれらの13種類を列挙しますのでよく勉強してください。これらのことについて理解すると，自尊心を養ううえで非常に強力な武器になるでしょう。

(1) 決めつけ

　決めつけをすると，私たちは根拠を検証せずに最悪の推測をしてしまいます。例えば，先ほどのジョンは，上司がムッとしているのは自分に腹を立てているからだと決めつけました。それが正しいかどうかは，「私のことで怒っていらっしゃるのですか？」と聞きさえすれば確かめられたのです。

　そのほか，「どうせ楽しめないだろう」とか「たとえ準備をしても，仕事はうまくいかないだろう」などという言葉も，やはり決めつけを自分に語りかけている例です。

(2)「べき（ねばならない）」思考

　「べき（ねばならない）」思考は，自分自身に対する要求です。例えば，「自分は相手にとって完璧な恋人になる**べき**だ」，「絶対に過ちを犯して**はならない**」，「もっと賢い行動をとる**べき**だった」，「楽しい気持ちでいる**べき**で，決して落ち込んだり疲れたりして**はならない**」といった具合です。私たちはこうした言葉で自分の動機づけを高めていると考えがちですが，たいていの場合さらに嫌な気分になってしまいます（例えば，自分はこんなふうになる**べき**なのに，そうではないので，自分には能力がないと感じたり，いらいらしたり，羞恥心や絶望を感じたりするなど）。

　唯一合理的な「べき」思考は，人間は誤りを犯す存在である「べき」だということかもしれません。私たちは実際に誤りを犯します。私たちの経験や不完全な理解力，現在のスキルの程度を考えれば，それは当然のことです。もし私たちが**本当に**もっと賢ければ（つまり，特定の行動の利点をはっきり理解していて，そのように行動する能力が十二分にあれば），私たちはもっと優れた人間といえる**でしょう**。それならば，解決策の一つは「べき」を「だろう」や「できる」に置き換えることです（もし私にそれができたなら素晴らしい**だろう**。どうすれば私にそれが**できる**だろうか）。あるいは，「べき」を「したい」に置き換えてみてください（たとえばそうすることが自分の役に立つので，そう**したい**。それをやる**べき**だとか，やら**なければならない**と誰かに言われたからではない）。

(3) おとぎ話的な幻想

　おとぎ話的な幻想とは，人生に理想を求めることです。これは「べき」思考の特殊な形です。「不公平だ」とか「こんなことが起こるとは考えられない」などといった言葉は，「世界はそうあるべきではない」という意味の場合が多いものです。現実には，悪いことや不公平なことは善良な人にも起こります。そういった出来事は無差別に人を襲うこともあれば，他者の気まぐれや自分の欠点によって起こることもあります。そうならないことを世の中に期待すると，失望します。また，「人は自分を公平に扱ってくれるだろう」という期待も失望を招きます。人は，それぞれ公平さについて独自の考えを持っていることが多いのです。ここでも「べき」思考のかわりに，「**だろう**」思考や「**できる**」思考を用いるのが賢明です（例えば，「すべてが理想的な状況なら素晴らしい**だろう**が，残念ながらそういかないものだ。では，この状況を改善するために自分に何が**できる**だろう？」）。

(4) 全か無かの思考

　全か無かの思考を持つ人は，完璧という不可能な基準（もしくはそれに近い基準）を自分に課して，この基準に届かなければ自分自身を完全なダメ人間と結論づけます。例えば，「もし一番にならなければ，自分はできそこないだ」，「もし完璧に実行できなければ，落伍者だ」，「90％以下の成績なら，ダメ人間だ」，「欠点があるということは，自分はどうしようもない人間ということだ」といった具合です。こういった思考は非現実的です。なぜなら，そんな極端なケースはめったにないからです。たとえ完璧に実行することが可能であっても（実際は不可能ですが），何らかの基準に達しなかった場合，その達成度はたいてい80％とか35％などであり，0％ということはまずありません。それにあまりよい**結果**を出せなかったとしても，**人間**という複雑な存在が無価値であることは決してなく，それはただ人間が誤りを犯しがちだというだけのことです。「なぜ打率10割を達成し**なければならないのか？**」と自問してみてください。

(5) 過度の一般化

　過度の一般化とは，嫌な経験をしたときにそれがその人の人生全体を物語っていると思うことです。例えば，「自分は**いつだって**，**あらゆること**を台無しにしてしまう」「自分は**いつも**振られてしまう」「誰も私のことなど好きではない」「みんな私を嫌っている」「私は**絶対**に数学でいい成績は取れない」などといった考え方です。このような十把一絡げの言い方は，優しさに欠けるうえ，気持ちを落ち込ませます。しかも，それは不正確な場合がほとんどです。過度の一般化を免れる方法は，より正確な言い方をすることです。例えば「私のスキルの**いくつか**は**まだ**十分に向上していない」「**ある種**の社会的状況では，自分が望むほどうまく立ち回れない」「**ときどき**人は自分を認めてくれないが，**ときどき**認めてくれる**人もいる**」「自分の人生にはうまくいかなかった**部分**もあるが，だからといって常にうまくやれないというわけではない」などです。健全な楽天家になりましょう。状況を変えるちょっとした方法は見つかるだろうと考え，うまくいっていることに目を向けるようにしましょう。

(6) ラベリング

あなたは，一つの言葉がまるで一人の人間のすべてを表すかのように，自分自身にラベルを貼ることがあるかもしれません。例えば「自分は負け組だ」「自分はバカだ」「自分は間抜けだ」「自分は退屈な人間だ」などです。「自分はバカである」という発言は，自分があらゆる点で**いつも**バカだということを意味します。実際には，とてもバカな行動をとることがある人も，とても賢い行動をとることがあります。人間は単純なラベルを貼るには複雑すぎるので，「あれは浅はかな行動だった」などと行動にだけラベルを貼るか，次のように自分自身に問いかけてみましょう。「自分は**いつも**バカなのだろうか？」。もしかしたら，ときどきはそうかもしれませんが，**いつも**ではありません。

(7) マイナス面をくよくよ考える

あなたがパーティに行ったとき，ある客の靴に犬の糞がこびりついているのに気づいたとします。そのことを考えれば考えるほど，不快な気分になります。これは，状況のマイナス面に焦点を当て，プラス面を無視するという思考の歪みです。このような場合，すぐに状況全体が否定的に見えてきます。ほかには，「自分が批判された日を，楽しく考えられるわけがないではないか」「わが子が問題を抱えているときに，人生を楽しめるわけがないではないか」「誤りを犯したときに，自分自身に満足感を持てるわけがないではないか」「ステーキが焦げた。食事が台無しだ」といった例などを挙げることができます。この癖に打ち勝つには，選択肢を再検討してみることです。例えば，「もし違った側面に目を向ければ，ものごとをもっと楽しみ，自分自身にもっと満足感を持つことができるだろうか？」「まだ楽しみを見つけられるとしたら，それは何だろう？」「いい日にはどんなことを考えるだろう？」「しっかりした自尊心を持っている人は，この状況をどう見るだろう？」といった具合です。

(8) プラス面を認めない

マイナス面をくよくよ考える思考の歪みがあると，プラス面を**見落**とします。しかし，プラス面を見ようとしないと，現実にはプラス面を**否定することになり**，自尊心は低くなります。例えば，誰かがあなたの仕事を賞賛したとします。それに対してあなたは「いえ，そんな大したことはありません。誰でもできますよ」と答えたとします。このように言うと，時間をかけてうまく仕事を仕上げたという事実を無視することになります。これでは何かを成し遂げても楽しくないのは当たり前です。賛辞に対して，「ありがとうございます」と返事をすること，そして，「こんな難しくて退屈な仕事をしたのだから特別な評価を受けても当然だ」と自分に言い聞かせることだってできたはずです。あなたも，愛する人や友人が賞賛すべきことをしたら賞賛するでしょう。なぜ同じことが自分自身に対してはできないのでしょうか？

(9) 厳しい比較

　仮にあなたが変わった拡大鏡を持っていたとして，自分の短所や過ち，そして他者の長所は大きく見え，逆に自分の長所や他者の過ちは小さく見えるとします。他者と比較すると，あなたはいつも自分が能力不足で劣っているように見え，いつも損な役割を担わされるように思えます。

　例えば，あなたは友達に，「私はただの専業主婦兼母親だもの」と言い（自分の長所の縮小視），「ジャンはお金持ちで頭の切れる弁護士ね」と言うかもしれません（他者の長所の拡大視）。これに対して，友人が「でも，あなたは優秀な主婦で，子どもたちのよい母親じゃないの。ジャンはアルコール依存症でしょう」と言うと，あなたは次のように答えます。「そうだけど，ジャンが裁判で勝った回数を考えてよ！」（他者の短所および自分の功績の縮小視）。「彼女こそ本当に社会に貢献している人よ！」（他者の長所の拡大視）

　この歪んだ思考に抵抗する方法は，「なぜ人と比較しなければならないのだろう？　なぜ一人一人が独特の長所や短所を持っていることを認められないのだろう？」と自分に問いかけることです。ほかの人の貢献のほうが必ずしも優れているとは限りません。ただ違うというだけです。

(10) ささいな出来事を大惨事のように考える

　人は何らかの出来事を大惨事だと信じたとき，これは大変な事態で，自分には**耐えられそうにない**と自分自身に語りかけます。このようなこと（あるいは，「彼女に振られたら耐えられないだろう。そんなことになったら最悪だ！」など）を自分に語りかけると，自分は人生に対処できないほど頼りない人間なのだと自分に思わせてしまいます。確かに，不快なことや不都合なこと，つらいことはたくさんありますが，アルバート・エリス博士が述べているように，私たちは殺されること以外，たいていの困難には耐えられます。かわりに，**この状況は嫌だが，間違いなく耐えることはできる**と考えてみるとよいでしょう。

　以下のように自問すれば，「これが起きたらもうおしまいだ」という信念を見直せるはずです。

- このような出来事が起きる確率はどれくらいだろう？
- もし本当にそれが起きたら，自分が死ぬ可能性はどれくらいだろう？
- もし最悪の事態が起きたら，何をしよう？（問題を予測し行動計画を立てれば，自信が高まります）
- 今から5年後，このことを気にする人がいるだろうか？

(11) 個人化

　個人化とは，悪い出来事に自分が実際よりも強く関与していると考えることです。例えば，ある大学生が中途退学するとき，母親が「すべて私が悪い」と結論づけてしまったり，夫が妻の疲れや怒り，あるいは離婚の責任をすべてかぶってしまったりするような場合がそうです。これらの例にはエゴが深く絡んでいるため，どの出来事も自分の価値の判断材料になります。このような歪んだ

思考に効果的に対処する方法が2つあります。

1. **影響**と原因を区別しましょう。私たちはときどき他者の決定に影響を与えます。しかし，最終決定はその人のものであり，私たちのものではありません。
2. 自分以外の外部の影響要因を現実的に考えてみましょう。例えば，「自分のどこが悪いのか？ なぜ自分はこれができないのか？」と考えるかわりに，「これは難しい課題だ。必要な手助けは差し伸べてもらえない。騒がしいし，自分は疲れている」と言ってみましょう。また，「なぜ彼は私にがみがみ言うのだろう」と考えるかわりに，「私が問題なのではないのかもしれない。今日の彼は世間全体に対して怒っているのかもしれない」と言ってみましょう。

(12) 責任転嫁

責任転嫁は個人化と反対のものです。個人化は厄介な状況をすべて自分自身のせいにするのに対して，責任転嫁はすべてを自分以外のせいにします。次の例について考えてみましょう。

- 彼のせいでいらいらする。
- 彼女は私の人生と自尊心をずたずたにした。
- 自分が落伍者なのは，暗い子ども時代を送ったせいだ。

責任転嫁の問題点は，ささいなことを大惨事と見なす場合と同様に，自分は問題解決能力のない無力な犠牲者だと思いがちである点です。責任転嫁を防ぐ方法は，外部の影響要因を認識しつつ，自分自身の心の安定にも責任を持つことです。「確かに彼の行動は不当で不公平だったが，私が腹を立てたり，ひねくれたりする必要はない。私はもっとましな人間だ」と考えるのです。

自尊心を持つ人は，現実的な責任を自ら進んで引き受けるということを認識しておきましょう。そういう人は，自分の責任であることと，自分の責任でないことを理解するものです。ただし，責任を引き受ける場合，それは行動や選択に対する責任であり，中核までダメな人間であることの責任ではありません。したがって，「試験ができなかったのは，十分に勉強しなかったからだ。次の試験ではもっとしっかり計画を立てよう」と言ったほうがよいでしょう。この言い方なら，中核自己そのものの良し悪しを判断することになりません。行動を判断しているだけです。

(13) 感情を事実に仕立て上げる

感情を事実に仕立て上げるというのは，自分の感情を何らかの事実の証拠と考えることです。次のような歪んだ思考の例を考えてみてください。

- 私は負け組のような気がする。私は救いようのない人間に違いない。
- 私は恥ずかしく感じるし，ダメな人間であるような気がする。私はダメな人間に違いない。

- 私は無能であるような気がする。私は無能であるに違いない。
- 私には価値がないような気がする。私は価値のない人間に違いない。

　覚えておいてほしいのは，感情が思考から生まれるということです。もし思考が歪んでいたら（ストレスがあるときや抑うつ状態のときは，思考が歪むことがしばしばあります），感情は現実を反映しないかもしれません。だから，自分の感情を疑ってみましょう。「100％無能な人間（ダメな人間，責めを負うべき人間，救いようのない人間）というのはどんな人間だろう？　本当に自分はそのような人間だろうか？」と考えるようにしてください。こう問いかければ，「ラベリング」や「全か無かの思考」に流されません。感情は事実とは違うことを思い出しましょう。思考がより合理的になれば，感情はもっと明るくなります。

毎日の思考を記録する

　ここまで，思考の歪みについて学びました。次の段階ではそれを自尊心に役立てましょう。ストレスがあるときや抑うつ状態のときは，いろいろな考えや感情が頭の中をぐるぐる回り，押しつぶされてしまうような気がします。それらを紙に書き出せば，気持ちを整理して，ものごとをより明確に理解するのに役立ちます。63ページにある毎日の思考の記録表は，一日15分程度あれば記入できます。自分の感情が不安定だと気づいたら，これに記入するとよいでしょう。または，落ち着いてから記入してもかまいません。では，表の記入法を説明します。

事実

　表の最上欄には，感情を揺るがせた出来事と，結果として生じた感情（悲しみ，不安，罪悪感，いらいらなど）を簡単に記入しましょう。次に，その感情の強度を記入します（1はまったく不快ではなく，10はきわめて不快であることを意味します）。不快な感情を見つめることは，そのような感情に振り回されないようにする方法の一つなのです。

自分の思考の分析

　「自分の思考の分析」欄の最初の項目（「最初の反応」）では，自分の自動思考をリストアップします。次に，それぞれの自動思考をどの程度，信じているかを点数で記入しましょう。1はまったく信じられず，10は完全に信じられるという意味です。
　2番目の項目「誤った思考」では，思考の歪みを見きわめましょう（自動思考の中には合理的なものもあるかもしれません）。
　3番目の項目「合理的な返答」では，歪んだ自動思考一つ一つに対して返答を，つまり反論をしてみましょう。あなたの最初の自動思考は，いくつかある考え方の一つにすぎないことを自覚してください。もし友人から自分の思いと同じようなことを言われたとしたら，自分がどう答えるかイメージしてみましょう。あるいは，気分のよい日にもっと合理的なことを言っている自分をイメー

ジしてみてください。さらに,「この反論の根拠は何か」と考えてみましょう。そして,それぞれの反論を自分がどれだけ信じているか,点数で記入しましょう。

結果

　これらすべてのことを書き込んだら,「最初の反応」に戻り,自分の自動思考の信用度を再び書き込んでください。その後,最上欄に戻り,感情の強度を評価しなおしてください。もし,この一連の作業によって感情の動揺が少しでもおさまったなら,上出来だと思いましょう。この作業を行っても,起きた出来事にはやはり心を乱されるでしょうが,ただその度合いは弱まっているはずです。

　自分の思考と取り組むときは紙に書くことを忘れないでください。頭の中で行うには複雑すぎます。この取り組み方を学ぶには辛抱強さが必要です。うまくできるようになるには通常,数週間かかります。

　これから2週間,感情を動揺させた出来事を毎日一つずつ選び,この記録表を記入してください。2週間たったら,次の節の「思考の根底を探る」に進みます。

毎日の思考の記録表

事　実		
出来事 （暗い気分や不快な気分に 「させられた」出来事を記入）	出来事の影響 （抱いた感情を記入）	強　度 （その感情の強度を 1～10で評価）

自分の思考の分析					
最初の反応 （自動思考つまり自分への語りか けを記入し，それがどれだけ信 用できるかを1～10で評価）		誤った思考 （思考の歪みを見つけ， その歪みの種類を記入）	合理的な返答 （反論しましょう。歪んだ思考を より合理的な思考に変えるので す。その反論をどれだけ信用し ているかを1～10で評価します）	
	点数			点数

結　果
この思考の分析に基づいて，最初の反応がどれくらい信用できるかをもう一度，評価しましょう。 その後，感情の強度を評価しなおしてください。

ここでは，簡略化した「毎日の思考の記録表」の記入例を紹介します。

出来事	影　響	強　度
ビルと別れた	抑うつ	9→6
	無価値	8→5

分　析			
自動思考	点数	歪　み	合理的な返答	点数
すべて私が悪い	8→5	自分は無価値だと感じる 個人化	私たちはできる限りのことをしたが，お互いに間違いを犯した	8
拒絶されたと感じる。私は価値のない人間だ	9→8	感情を事実に仕立て上げる ラベリング	私が過去に誰か（自分も含めて）にとって重要だったか，または今後，重要になれるなら，無価値ではない	7
彼は私を嫌っている	7→3	決めつけ	彼は私と相性が合わないと感じただけかもしれない	9
これほど自分に合う人はもう見つからないだろう	10→8	決めつけ	それはわからない。もっと受容的な，自分にふさわしい人が見つかる可能性はある	7
彼なしでは何も楽しくないだろう	10→5	決めつけ	試してみない限り，これはわからない。一人でも，ほかの人とでも楽しめることはおそらくあるだろう	7
あの人は私の人生をめちゃくちゃにした	9→5	責任転嫁	自分の人生をめちゃくちゃにできるのは自分だけ。この出来事から立ち直り，楽しく過ごす方法を見つけよう	9

ここにもう一度，未記入の記録表を載せます。コピーして練習してください。

毎日の思考の記録表

日付 _____

事　実		
出来事 （暗い気分や不快な気分に「させられた」出来事を記入）	**出来事の影響** （抱いた感情を記入）	**強　度** （その感情の強度を1〜10で評価）

自分の思考の分析				
最初の反応 （自動思考つまり自分への語りかけを記入し，それがどれだけ信用できるかを1〜10で評価）		**誤った思考** （思考の歪みを見つけ，その歪みの種類を記入）	**合理的な返答** （反論しましょう。歪んだ思考をより合理的な思考に変えるのです。その反論をどれだけ信用しているかを1〜10で評価します）	
	点数			点数

結　果
この思考の分析に基づいて，最初の反応がどれくらい信用できるかをもう一度，評価しましょう。その後，感情の強度を評価しなおしてください。

思考の根底を探る：質疑応答のテクニック

これまで，歪んだ自動思考を見つけて置き換えるために「毎日の思考の記録表」の使い方を学んできました。歪んだ自動思考を置き換えることでも自尊心は高まりますが，もっと中核的なところにある信念をもとから絶てば，さらに自尊心が高まります。中核的な信念とは，深く頭に刻み込まれた信念です。通常，それは幼少期に形成されるので，その正当性が疑われることはめったにありません。これから中核的な信念を見つけるために，まず自動思考を提示し，質疑応答のテクニックを使っていきます。この方法では，最初に自動思考を一つ選び，以下の質問をするのですが，中核的な信念に達するまで最後の質問をしつづけます（たいていは最後の質問で中核的な信念がわかります）。

私にとってこれは何を意味するのだろう？

それが本当だとして，なぜそれがそんなに悪いことなのだろう？

それは私について何を物語っているのだろう？

　例えば，ジェインは1枚の「毎日の思考の記録表」に，自分が無力で価値がないように感じると記入しました。それは，娘が部屋の掃除をしようとしないからでした。そこでジェインは「娘の部屋が汚い」という自動思考に対して質疑応答テクニックを使うことにしました。一連の過程を以下に示します。

自動思考	娘の部屋が汚い
問い	私にとってそれはどういう意味だろう？
答え	娘はずぼらだ。
問い	それが本当だとして，なぜそれがそんなに悪いことなのだろう？
答え	私の友人が訪ねてきたら，娘の汚い部屋を見てしまうだろう。
問い	なぜそれがそんなに悪いことなのだろう？
答え	友人は私が母親失格だと思うだろう。
問い	それは私について何を物語っているのだろう？
答え	もし友人に悪く思われたら，私は価値のない人間になる＝**中核的な信念**

　中核的な信念に到達するまでには，どの答えもみな真実だと仮定してきました。ここで，それぞれの答えに戻って思考の歪みを見つけ，一つ一つに合理的な反論をしてください。そのやり方を，「毎日の思考の記録表」の3項目を使って以下に示します。「Q」は問いを表しており，記載する必要はありません。

最初の反応 （自動思考）	歪み	合理的な返答
娘の部屋が汚い		
Q		
娘はずぼらだ	ラベリング	娘は，外見など自分にとって重要な部分はこぎれいにしている
Q		
私の友人が訪ねてきたら，娘の汚い部屋を見てしまうだろう		仮にそうだとしても，部屋の汚い娘を持つ人は価値ある人の中にも大勢いるだろう
Q		
友人は私が母親失格だと思うだろう	決めつけ 全か無かの思考	友人は私のことを，自分と同じように誤りを犯す人間だとしか思わないかもしれない
Q		
もし友人に悪く思われたら，私は価値のない人間になる	中核的な信念	幸せになるため，あるいは自分に価値があると考えるためには，完璧である必要はないし，すべての人から認めてもらう必要もない。**もし**自分がすることすべてに非の打ちどころがなければ，素晴らしいだろう。しかし，完璧な人はいないのだから，自分に価値を感じることにしたほうがよい

よくある中核的な信念

　心理学者のアルバート・エリスが発見した多くの中核的な信念は，一貫して自己嫌悪と抑うつに関連していることが彼の研究で明らかになっています。これらの中核的な信念と，それに代わる合理的な信念（Bourne 1992）については，ここに特記しておく価値があるでしょう。

1. 中核的な信念：**自分が重要だと思うすべての人から，愛されるか，認められなければならない。**
　　合理的な返答：私はほとんどの人から愛されるか認められたいので，そうなるように礼儀正しい振る舞いに努めよう。しかし，一部の人がその人なりの理由で私を嫌ったり受け入れなかったりするのはしかたがない。だからといって大事というわけではない。私の自尊心は他者の気まぐれに左右されてはならない。

2. 中核的な信念：**私は何をするにしても，完璧なまでに優秀でなければならない。1番になるか，ずば抜けていなければ，満足してはならない。**
　　合理的な返答：**1**番になるよりも，**最善**を尽くす努力をしよう。たとえあまり得意なことでなくても，それを楽しむことはできる。失敗するかもしれないことに挑戦するのを恐れない。誤りを犯しても当然なのだし，失敗したからといって自分ができそこないだというわけではない。リスクを冒すことは勇敢なことであり，成長したり人生経験を積んだりするには必要なことである。

3. **中核的な信念**：**危険なことや恐ろしいことが起こりかねない場合，大いに心配し，もしもの事態に備えて警戒を怠ってはならない。**
   合理的な返答：たぶん，その問題を直視して危険性を弱めることが，自分にとって最善だろう。もしそれが不可能なら，それについてくよくよ考えたり怖がったりするのをやめよう。心配したからといって，その問題が起きないわけではない。たとえ起きたとしても，私はそれに対処できる。

4. **中核的な信念**：**人生における困難や責任は，直面するよりも避けるほうが楽だ。**
   合理的な返答：どんなに嫌なことであろうと，必要なことには取り組もう。充実した人生の中で，一息ついたり回避したりするのは妥当な中休みになることが多いが，それが人生の大半を占めると逆効果になってしまう。

　ここで，注意してほしいことがあります。後半の二つの中核的な信念は，両極端の不安対処法です。このような極端な方法は概して自滅的であることが，研究でわかっています。つまり，心配ごとで頭をいっぱいにすることと，それを否定したり回避したりすることは，悪い結果をもたらす場合が多いのです。一般に，**有効な心配**という中間の方法が最も健全な結果をもたらします。そのためには，問題解決のアプローチをとりつつ，限られた時間のみ心配ごとを考えましょう。一日のうち一定の時間だけ（30分程度を推奨している研究もあります），情報を収集し，選択肢を考え，感情を認識し，心配ごとを書いたりしゃべったりしましょう。適切な行動をとって，その後は人生の素晴らしさに目を向けるようにしましょう。

非生産的な中核的信念を検討する

　以下に挙げたのは，よくある非生産的な中核的信念です。あなたが抱いている信念に○を付けてください。付けたら，その信念に反論してみましょう。さらに，尊敬する友人や精神保健の専門家と，合理的な返答について話し合うのもよいでしょう。

1. 自分をよく思うのは悪いことである。
2. 幸せになるには，成功，お金，愛情，承認，完璧な業績などの特定の条件を満たす必要がある。
3. 特定の条件が満たされない限り，自分に価値があるとは感じられない。
4. 私は努力しなくても幸福になる（または成功，健康，自尊心，喜び，愛情を得る）資格を持っている。
5. いつか成功したら，友達もできて，楽しい思いができるだろう。
6. 仕事というものは大変で，どこか不快なものである。
7. 喜びは懸命な努力から**しか**得られない。
8. 私は無能である。
9. 心配すれば，問題を直視し解決する心の準備が確実にできる。したがって，心配すればするほどよい。常に心配していれば，将来の過ちや問題を未然に防ぎやすくなり，ものごとをもっとコント

ロールできるようになる。

10. 人生は楽であるべきだ。問題があったら，人生は楽しめない。
11. 過去のことを考えるとつらくなるけど，自分ではどうしようもない。
12. 完璧な解決策があるのだから，私はそれを見つけなければならない。
13. もし人が自分を悪く思う（拒絶する，批判する，不当に扱う）ならば，それは自分が劣っているか，誤っているか，役立たずであることを意味している。
14. 私の価値は，私のする仕事で決まる。もし生産的でなければ，ダメな人間である。
15. 一生懸命努力すれば，すべての人は私を好きになるだろう。
16. 一生懸命努力すれば，未来は幸福で何の問題も起きないだろう。
17. 人生は公平でなければならない。

　ここに挙げた中核的な信念の中に，自尊心に直接影響を与えるものがいかに多いかを見てください。また，外的な条件を価値や幸福に必須のものと位置づけている信念もたくさんあります。1週間，毎日1回，質疑応答テクニックを使って自分の中核的な信念を探してみてください。過去に記入した「毎日の思考の記録表」か，新たに記入した表で見つけた，歪んだ自動思考を取り上げましょう。

第6章
現実を認識する：
「それでもなお！」

　これまでに私たちは自己破壊的な思考について考え，それを置き換えるスキルを獲得しました。今度は，自尊心を学ぶ人たちに好評なスキルを学びます。このスキルの魅力は，現実を認識しつつ，中核自己に満足感を抱けるという点です。

　初めに，いくつかのキーポイントを見ていきましょう。

1. 出来事や，行動，結果といった外的なものに苦い感情を抱くのは適切な場合もあります（例えば，適切な罪の意識や失望がそうです）。これは中核自己に苦い感情を抱く不健全な傾向とは異なります（前述した，羞恥心という感情）。

2. 「自分にはまだこの仕事をする能力がない」という言葉は，「自分は**人間としてダメだ**」とはまったく違います。失敗を悔やむことと，**自分は芯からダメな人間**だと考えることは，大いに異なります。

3. 行動やスキルについて評価をするのはかまいませんが，あなたの中核である，本質的な自己を裁いてはいけません。

スキルを養成する作業

　私たちは中核自己を非難することなく，好ましくない外的状況を認識しなければなりません。自分自身を嫌う人は，「……だから，……だ」という考え方を用いる傾向があります。例えば，「（何らかの外的状況がある）**から**，私は人としてダメだ」というような場合です。この考え方は明らかに自尊心を低下させたり，その成長を阻害したりします。したがって，私たちはこの「……だから，……だ」という考え方を避けなければなりません。

　「それでもなお」のスキル（Howard 1992）を使えば，好ましくない外的要因に対して，即座に現実的で明るい応答ができます。価値を外的要因から切り離し，自己価値感を強化するのです。したがって，「……だから，……だ」という考え方のかわりに，「たとえ……だとしても，それでもなお……」という言葉を作り出しましょう。これは次のようなものです。

たとえ _____ だとしても，それでもなお _____
　　　　　　（何らかの外的要因）　　　　　　　　　　　　　　（価値に関する言葉）

例　たとえあのプロジェクトをやり損なった**としても**，**それでもなお**私は価値のある人間だ。

「それでもなお」を使った言葉（「たとえ……」の部分の後に続けられる言葉）をほかにもいくつか挙げてみます。

- それでもなお，私にはとても価値がある。
- それでもなお，私は重要で価値のある人間である。
- それでもなお，私の価値は無限で変わることはない。

「それでもなお」の練習

パートナーを見つけてください。そして，頭に浮かんだ否定的なことを何でも言うよう，パートナーに頼んでください。それは真実であろうとなかろうと関係ありません。以下に例を示します。

- あなたは大失敗しましたね！
- あなたの鼻は変ですね！
- あなたはもごもごしゃべりますね！
- あなたは私をいらいらさせますね！
- あなたは本当に間抜けですね！

それぞれの批判の言葉に対して，ひとまずエゴをしまい込み，「**たとえ……だとしても，それでもなお……**」の言葉で応答しましょう。おそらく，多少は認知療法のスキルを使わなければならないはずです。例えば，もし誰かから「間抜け」というラベルを貼られたら，「たとえ私がときどき間抜けな**行動**をとったとしても，それでもなお……」と切り返せばよいでしょう。著述家のジャック・キャンフィールド（Jack Canfield 1988）は，5歳児でも使える，似たような方法を支持しています。「あなたが何をしようが，何を言おうが，私はそれでもなお価値のある人間だ」と言うのです。

スキルを養成するワークシート

1. これから6日間，自尊心を低下させる恐れのある出来事または状況を毎日三つずつ選んでください。
2. それぞれの出来事または状況に対して，「**たとえ……だとしても，それでもなお……**」という形の言葉を作ります。可能であれば，今，作った言葉を，その出来事または状況の中で使うように努めてください。しかし，このスキルは事後に練習しても効果的です。スキルを強化するために，それぞれの出来事または状況をワークシートの左から2列目で簡潔に説明し，使った「**たとえ……だとしても，それでもなお……**」の言葉を3列目に記録して，最後に，自分にその言葉を語りかけた結果，感情にどんな影響があったかを書き込んでください。

	出来事・状況	使った言葉	影　響
1日目／日付： 1. 2. 3.			
2日目／日付： 1. 2. 3.			
3日目／日付： 1. 2. 3.			
4日目／日付： 1. 2. 3.			
5日目／日付： 1. 2. 3.			
6日目／日付： 1. 2. 3.			

第7章
自分の中核的な価値を認める

> あなたに欠けているものではなく,持っているものに目を向けなさい。持っているもののうち最良のものを選び,仮にそれがなかったらどれほど熱心に追い求めていたか,考えてみなさい。
>
> ——マルクス・アウレリウス《ローマ皇帝》

　この章の目的は,あなたが自分の中核的な価値を正しく把握できるよう手助けすることです。自尊心の低い人は自分自身の価値を狭く定義し,その価値は何らかの特性や行動に左右されると考えがちです。したがって先に述べたように,そうした特性や行動を示せなかった場合には,その人の自尊心は脅かされます。それに反して,安定した自尊心を持っている人は自分の価値に確信を持っています。こういった人は,多くのさまざまな特性や行動が自分たちの価値を**表している**ものであり,またそれらが自らの価値を**思い出させてくれる**ことを理解しています。したがってある一分野でよい結果を出せなくても,それで自分を定義したりしません。成熟するにつれて,人間はさまざまな複雑な方法で自分自身を表現するのだということを学び,自身の中核的な価値を表現する方法をどんどん発見していきます。

　エール大学の心理学者パトリシア・リンヴィル(Patricia Linville 1987)は,自分自身への見方が多面的または複雑である人のほうが,ストレスがたまったとき,強い自尊心を示すことを発見しました。例えば,年齢や経験とともに「自分という人間はさまざまな役割を通じて表現される多くの特性の複合体だ」と考えるようになった人に比べ,自分自身をテニス選手としか見なしていない人は,テニスの試合に負けたとき意気消沈しやすいのです。

　どの人も無限の価値を持つ種子のようなもので,開花するのに必要なあらゆる特性を未完成の形で持っています。これらの特性は多種多様な形で表れることがあります。創造の才能を例にとると,それが芸術の形で表れる人もいれば,問題解決のしかたや苦難の乗り越え方,それに他者への援助のしかたや思いやりなどに表れる人もいます。しかし創造的な才能が,完全にとはいわないまでも,どちらかというと眠っているように見える人もいます。それでもなお,誰もが何らかの創造性を未完成の形で持っているのです。同様に,人はみなあらゆる魅力的な特質を,発達度の差はあれ,ある程度は持っているものです。罪人でさえ正直になる**ことがあります**。ギャングのリーダーでさえ,コミュニケーションのスキルや組織力に相当な創造性を発揮する場合があります(ただし自尊心を持っていれば,破壊的な目的ではなく建設的な目的のためにそういったスキルを用いるかもしれません)。

人はみな，さまざまな製作段階の肖像画にたとえることができます。ある人は一部分が非常に発達していて，独特な形で光を反射します。またある人は，特に突出した部分はありませんが，発達した部分がいくつかあり，個性的で興味深いパターンを形作っています。それぞれの肖像画を芸術家の目で見れば，一人一人の個性的なパターンや可能性を味わうことができます

　以下の作業では，あなたの中核自己の価値をより現実的に，ありのままに認識できるでしょう。そしてたった今も，自分の価値が思い出せるような形で中核自己が表現されていることがわかるでしょう。

スキルを養成する作業

　この作業は三つの部分に分かれています。第Ⅰ部では，人を描写するのに用いられる性格特性が挙げられています。第Ⅱ部では，あなたにとって特に重要な特性を考えてもらいます。そして第Ⅲ部では，あなたの回答が自分の中核的な価値を独特の形で示していることを実感してもらいます。

第Ⅰ部：性格特性

　以下に挙げた性格特性それぞれについて，0から10の点数で自分を評価してください。0は，その特性がまったくない場合（つまり，いかなるときもその特性を微塵も示さない場合）です。10はその特性が完全に発達している場合（つまり，人間としての限界までその特性をよく示している場合）です。点数は，できるだけ公正かつ正確に付けるようにしてください。不当に引き上げたり引き下げたりしないでください。特性によって点数が高かったり低かったりしても気にすることはありません。それがふつうです。ほかの人と競争しているわけではありません。点数が高いから，より価値があるというわけではないのです。価値はすでに与えられていて，みな等しく持っているのだということを忘れないでください。この作業では，自分が今どのような独特な形で価値を示しているかに，気づこうとしているだけです。客観的に見ることで，この作業の効果が現れます。全か無かの思考や過度の一般化は避けてください。

　各項目の当てはまる数字に○を付けてください。

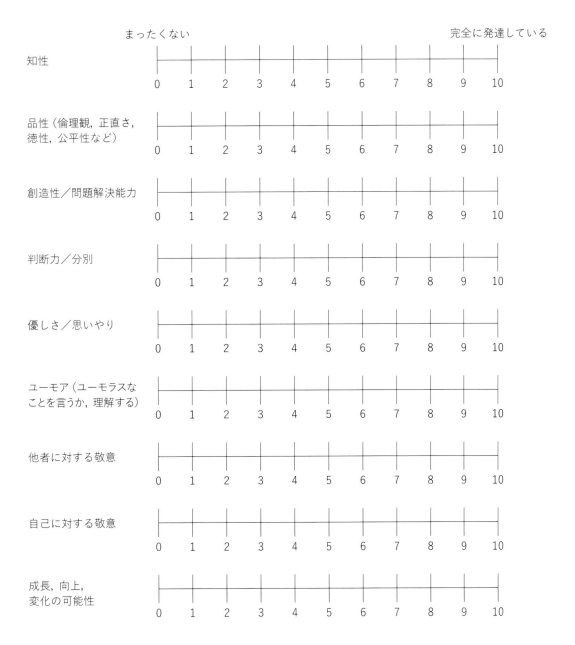

第II部：それ以外の性格特性

　ここでは，あなたが自分自身や他者の幸せにどう役立っているかを示す性格特性を，さらに五つ挙げてください。人間性を表すさまざまな特質を考えてみれば，難しい作業ではありません。ベンジャミン・フランクリン（Benjamin Franklin）《政治家・科学者・哲学者》の「13の徳」（節制，沈黙，規律，決断，節約，勤勉，誠実，正義，中庸，清潔，平静，純潔，謙譲）(Tamarin 1969)を考えてみましょう。あるいは，ボーイスカウトの掟（スカウトは信頼でき，誠実で……）や，その他のあなたの特性（審美眼，感受性，愛情，内省，決断力，規律正しさ，温かみ，勇気，几帳面さ，明るさ，人の命と尊厳に対する敬意，陽気さ，穏やかさ，洞察力など）を考えてみてください。基準はその特性を完璧に持っていることではなく，ある程度，持っているだけでよいのです。その後，第I部と同様に，各特性の程度を記入してください。

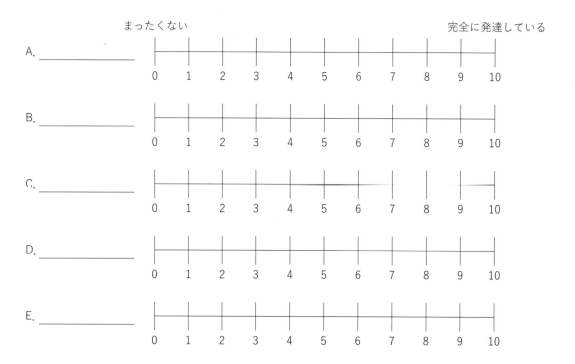

第Ⅲ部：解釈

　人間というのは非常に複雑で多様であるため，この作業で表れたパターンは，ほかのどの人のパターンとも違うはずです。おそらく，自分で高めの点数を付けた項目もあれば，低めに付けた項目もあるでしょう。そして，0や10といった点数がないことにも気づいたのではないでしょうか。そういった極端なケースはまず存在しないのです。

　この作業をしてみると，さまざまな発達段階にある複雑で独特な特性の肖像が浮かび上がります。それを見れば，中核的な価値をより確かに認識できるようになります。点数で評価するのは，人と比較するためではなく，完全さのイメージを提示するためなのです。中核的な価値は古典絵画とよく似ています。鮮やかな色もあれば，ぼんやりした色もあり，互いに補完し合っています。それらが一緒になることで，個性的な全体像ができます。

　点数の低い項目をどう解釈すればよいのでしょうか？　これには少なくとも二通りの見方があります。一つは，傷があっても美しいダイヤモンドのように，自分自身を大切に思うことです。もう一つは，点数が比較的低い特性こそ向上の可能性が大きいと考えて，この挑戦を楽しむのです。

　以下の質問に答えてください。

A．第Ⅰ部と第Ⅱ部の回答を考えたとき，あなたが特によいと思う特性はどれですか？（一つでも複数でもかまいません）

B．自分が特に持っていると思う特性は ＿＿＿＿＿＿＿＿＿＿＿＿＿＿＿ です（一つでも複数でもかまいません）。なぜなら，＿＿＿＿＿＿＿＿＿＿＿＿＿＿＿ からです。

C．自分を肖像画にたとえて考えてみましょう。もし公平な観察者が肖像画全体について考察するとしたら，「最も明るく輝いている部分」はどこでしょうか？ 言い換えれば，もし誰かが時間をかけてありのままの今のあなたを見るとしたら，あなたのどんな部分を特によいと考えてくれるでしょうか？

D．この作業を通して，学んだことは何ですか？

第8章
中核を肯定する
思考習慣を身につける

> 自己受容は自己満足を引き起こしたりはしない。逆に，優しさや，敬意，励まし，支え，甘くはないが温かみのあるしつけ……こういったものこそ成長の糧となる。
>
> ——発言者不明

　自尊心のあるなしにかかわらず，人は過ちを犯しやすいものです。自尊心がある人もない人も，間違いは起こしますし，目標や夢を達成できなかったりします。どちらのグループにも，魅力的な人とそうでない人がいます。またどちらのグループにも，ビジネスや学業，スポーツ，人間関係などの領域で成功した人と，そうでない人がいます。では，何がこの二つのグループを隔てているのでしょうか？

　自尊心を持っている人は，自尊心のない人とは異なる形で自分自身について考え，自らに語りかけるということが，研究や臨床経験に基づく知見から示唆されています。例えば，失敗した際に，自尊心のない人は（タイプAのパーソナリティを持つ人とテスト不安の高い人もそうですが），非常に自己批判的であり，「私のどこがいけないのだろう」「何を考えていたのだろう」「どうして私はこんなにバカなのだろう」といった考えに陥ります。しかもこのような自己拒絶的な言葉はさらに自尊心を低めます。反対に，自尊心を持っている人（タイプBのパーソナリティを持つ人とテスト不安の低い人を含む）は，失敗をもっと温かい目で評価する傾向があります。つまり，外的な要因や行動に焦点を当てて判断します（例えば，「このテストは難しかった」「ほかにもやるべきことがたくさんありすぎた」「今回は十分勉強できていなかったから，次回はもっと準備しよう」）。このような言葉は，ストレスの多い状況でも自尊心を守ってくれる場合が多く，激しい自己非難なしに行動を修正することができるようになります。

　自尊心のない人は，自分の「悪い」部分に注目します。そして，自分を不完全で無能だと感じてしまいます。そのため打ちのめされ，やる気をなくし，自分自身に価値を感じる喜びを失います。しかもこういった人たちがもっと自己成長しようと努める場合，完璧な基準でもって取り組みます。しかし，そのやり方は強制的でまったく楽しみがないため，逆に成功を妨げます（Burns 1980）。一方，自尊心を持っている人は，自分の不完全な部分や欠点を踏まえたうえで中核はよいものであることを認めます。よい部分に注目することによって，鞭ではなく飴を用いて自らの成長意欲を与えるのです。

　認知療法は自尊心を弱める否定的な思考を取り除きます。以下の作業は，自尊心の構築と保護に

つながる，元気の出る自己肯定的な思考を行う練習です。

スキルを養成する作業

　ここに挙げるのは，自尊心を持っている人が自分自身と交わす対話の典型例です。

1. 私は自分に満足している。それはよいことだ。
2. 私は自分自身のことを受け入れる。なぜなら，自分という存在は，欠点や過ちなどの外的要因だけでできているわけではないと理解しているからだ。
3. 批判は外的なものだ。したがって自分をよりよくする方法を知るために人から受ける批判について吟味することはあるが，「批判されたからといって，人としての価値が損なわれる」という結論は下さない。
4. 私は人としての価値を否定することなく，自分の行動を評価することができる。
5. 自分やほかの人の目には取るに足らないものに見えても，私は成果や進歩のしるし一つ一つに目を向け，それを喜ぶ。
6. 私はほかの人の成果や進歩を喜ぶが，その人が自分より人として価値があるという結論は下さない。
7. 概して私はよい人生を送る能力を持っており，それに必要な時間や労力，忍耐力，教育，手助けを活かすこともできる。
8. 私は人から好意を持たれ，尊重されたい。しかし，たとえ尊重されなかったとしても，それは意に介しない。
9. 私はたいてい，誠実に礼儀正しく人に接し信頼と愛情を得ることができる。しかし，たとえそれを得られなかったとしても，それはかまわない。
10. 私はたいてい，人間関係や仕事で正しい判断力を示している。
11. 私は理路整然とした意見によって人に影響を及ぼすことができる。また，その意見を効果的に伝え，その正当性を主張することができる。
12. 私は人の楽しみを手助けするのが好きだ。
13. 私は新しい挑戦を楽しみ，すぐにはうまくいかなかったとしても腹を立てない。
14. 私のする仕事はたいてい質が高い。将来，これからもやりがいのある仕事をたくさんするつもりだ。
15. 私は自分の長所を知っており，それを大事に思っている。
16. 私は時折へまをするがそれを笑い飛ばせることもある。
17. 私が貢献することによって，ほかの人の生活を変えることができる。
18. 私は人を幸せにしたり，また一緒にいることに喜びを感じてもらったりすることがとてもうれしいと人から思われるのが楽しい。

19．私は自分を価値のある人間だと思っている。

20．自分が唯一無二の独特な人物であってよかったと思う。個性的であることがうれしい。

21．私は他者と比べることなく，自分自身が好きである。

22．自分の中核的な価値を正しく認めているので，私の内面は安定し穏やかだ。

今度は，上記の文章を用いて，以下の作業を行ってください。

1. 20分ほどくつろいで過ごせる場所を選びましょう。そしてゆったりと椅子に身を預けてください。

2. 目を閉じてください。深呼吸を2回して，可能な限り深く完全に体をリラックスさせます。これから心地よい経験ができるのだと期待しながら，心の準備をしましょう。

3. それでは目を開けて，1番目の文章を読んでください。それから再び目を閉じて，その文章に**意識を集中**してください。心の中でゆっくりと3回その文章を繰り返します。そうしてその文章が100％正しいと思えてくるようにしてください。自分がその文章について実際に考えたり信じたりしている場面をイメージするのもよいでしょう。あなたのすべての感覚を用いてその場面を実感するようにしてください。

4. その際，自分にまだ当てはまらないように思える文章があっても，気にしなくて大丈夫です。これは新しい心の習慣を生み出すための気長な練習だとでも思ってください。否定的あるいは悲観的な考えに気を取られたり，前進を妨げられたりしないようにしましょう。完璧であることを求めずに，そこで生じることを何でも受け入れてください。正しいと感じられない文章があったら，後回しにしましょう。あるいは，正しいと感じられるような修正を加えてください。ただし，それは肯定的な内容のものにしましょう。

5. 続けて順次一つ一つの各文章について，3.の手順を繰り返しましょう。すべてを実施するのにおおむね20分ほどかかるでしょう。

6. この作業を6日間，毎日繰り返してください。

7. 毎日この作業を実施した後の，自分の気持ちに注目してください。毎日繰り返すことで，多くの人はこれらの考えがどんどん自分に馴染み，まるで信頼できる友人のように感じられてきます。6日たっても違和感のある考えは，このワークブックを最後まで終えた後，再び読んでみれば馴染めるでしょう。

第9章
無条件の人間の価値についての まとめ

　これまで私たちは自尊心の第一の基盤，つまり「無条件の人間の価値」に関するきわめて重要な考え方やスキルを見てきました。これらが，今から学んでいく考え方やスキルの土台となります。そこでいったん立ち止まり，今までに学んだことをここで振り返ってみましょう。

三つの重要な考え方

1. すべての人は，生まれながらにして無限で不変の同等な価値を持っている。
2. 中核自己そのものは，外的なものとは別のものである。外的なものは中核なるものを覆うこともあれば輝かせることもあるが，中核の価値は不変である。
3. 人は自分の価値を独自の方法やパターンで表現する。しかし，どの人も中核の部分に，あらゆる必要な特性を未完成の形で持っている。

これまでに学んだ四つのスキル

1. 中核を攻撃する否定的な思考（つまり歪んだ思考）を置き換える。
2. 「たとえ……だとしても，それでもなお……」というスキルを用いる。
3. 自分の中核的な価値を認める。
4. 中核を肯定する思考習慣を身につける。

全体のおさらい

　これまでの章で学んだ考え方やスキルを補強しておきましょう。少し時間をとって，以下の文章の続きを完成させてみてください。まずは何を学んできたかを振り返るために，これまでのページにざっと目を通すとよいでしょう。

・私にとって特に有意義な考え方は……

・特に身につけたいと思うスキルは……

私は，世界がひらめきや洞察を与えてくれることに常に感謝しています。あるＢ＆Ｂに，次のような言葉が貼ってありました。アメリカの婦人参政権論者エリザベス・ケイディ・スタントン（Elizabeth Cady Stanton）の言葉です。

男の子たちと対等になるためにまずすべきことは，教養と勇気を身につけることだと私は考えました。それで，ギリシャ語と馬の御し方を習おうと決めたのです。

そのＢ＆Ｂの経営者は馬の扱いに長けた素晴らしい女性で，私が上記の言葉を読んでいるのに気づくと，「名言だと思わない？」と尋ねてきました。私は，「そう思います。私も書き留めたところです。でも，私には少ししっくりこないところがあるのです」と答えました。彼女は，「なぜ？ 馬を御することでコントロール感を持てるところが，私はとてもいいと思うんだけど」と言いました。
「そうですね。教養や勇気を身につけるのはよいことだと思います。でも，基本的な命題が完全に間違っています。他者と対等になる，つまり同じ価値になるために何かをしなければならないということが。気分がいいからそれをするというならよいのですが，誰かと対等になるためには必要のないことです。私たちはすでに対等なのですから」

II
自尊心のスキル

第二の要素

無条件の愛を感じる

第10章
無条件の愛の基礎知識

　前に，次のような問いを提示しました。「親による見本がない場合にはどうやって自尊心を築けばよいのか？」。これまでに私たちは，自尊心を築く第一の基盤である無条件の価値について見てきました。この要素は，中核的な価値を正しく把握してこそ成り立ちます。つまり，それは認識，言い換えれば知性に関わるものなのです。

　第二の要素である無条件の愛は，主として感情に関わる，美しくて非常に強力なものです。第一の要素は主に自尊心の定義の**現実的な**部分と関連し，第二の要素は主に**好意的な**部分と関連しています。では，この第二の要素に注目していきましょう。

　無条件の人間の価値は一つの認識であり頭で考えるものですが，愛は感じるものです。哲学者は愛を理屈で説明したがりますが，人は愛を見ればそれとわかります。わからなかった人を，あなたは一人でも知っていますか？

　マザー・テレサが人々の世話をしたとき——それがカルカッタの死にゆく人であれ，けいれんを起こしたレバノンの子どもであれ——不思議なことが起こりました。マザー・テレサの瞳をのぞき込み，そこから伝わってくる大いなる愛を感じた瞬間に，人は目をそらせなくなったのです。そして次第に落ち着き，穏やかな表情になりました。その人たちは，「うーん……これは神の愛なのか，自己愛なのか，それとも子の愛なのか？」などと考えたでしょうか？　もちろん「ノー」です。ただ単に愛を見て取り，それに反応しただけです。マザー・テレサの眼差しや，話し方，触れ方から愛を感じたのです（Petrie and Petrie 1986）。

基本原理

1. マザー・テレサが述べたように，人はみな，愛し愛されるために創られたのです（Petrie and Petrie 1986）。

2. 人が自分を価値ある人間だと**感じる**ためには，どの人もみな肯定されること，つまり愛が必要です。自分が愛され，受け入れられ，価値を持っていることを肯定するには源が必要なのです。心理学者のアブラハム・マズロー（1968）は次のように述べています。「愛情への欲求は，この世に生まれたすべての人間が持つ特徴である……本質的な中核の部分が……受け入れられ，愛され，尊重されなければ，どのような精神的健康もありえない」。つまり，愛は重要なものなのです。もしあなたが他者から愛を受けたことがないのなら，自分で自分に与えるとよいでしょう。

愛とは何か？

愛は自尊心の第二の大切な基盤となる要素なので，その本質を明確に理解しておいたほうがよいでしょう。

愛とは，

1. あなたが**経験する**一つの**感情**です。人は愛を見ればそれとわかります。
2. それは**精神的な姿勢**なのです。人は，その時点において最善のことを望むものです（注：他者への愛と自己への愛は相いれないものではありません。理想をいえば，愛するという姿勢は両方を含むものです）。
3. あなたが毎日行う**決定**や約束です。困難な場合もあるでしょうが，「意志の力で成し遂げようとする」こともあります。
4. それはまた養成される**スキル**なのです。

愛や，愛に関連する感情――好意や受容や親愛の情――について，それは「単に持っているかいないか，どちらかなのだ」と勘違いしている人もいます。この単純すぎる考え方からは，愛が意志による行為でもあり，スキルでもあるという観点が抜け落ちています。愛に気づき，それに応じることは誰にでもできますが，愛することは学習するものなのです。

テレビに出ていたミスター・（フレッド・）ロジャース（Mr. Fred Rogers）《教育家で牧師》は，「ありのままのきみが好きなんだ」と子どもたちに語り，無条件の愛を毎日示していました。ミスター・ロジャースが番組で歌っていた歌は次のようなものです（Rogers 1970）。価値は外的なものとは別個であり，中核の部分が好きだというメッセージに注目してください。

> 私が好きなのはきみなんだ。
> きみが着ているものじゃない。
> きみの髪型でもない。
> 私が好きなのはきみなんだ。
> たった今のありのままのきみなんだ。
> それはきみの内側にある深い部分なんだ。
> きみを隠しているものじゃない。

子ども時代のフレッド・ロジャースは病弱で，ブタクサの季節の間は家で唯一エアコンのある部屋に閉じ込められていました。8歳のとき，フレッドは祖父の農場を訪ね，石垣の上を大喜びで這い歩きました。後で祖父が言いました。「フレッド，今日は一日きみらしく過ごしたから，最高の日になったはずだ。覚えておきなさい。きみはこの世にたった一人しかいない。私はありのままのきみが好きなんだ」（Sharapan 1992）

この物語が示しているのは，私たちがみな先人から知恵を受け継いでいるということと，**無条件に愛することは学習するものだ**ということです。

愛についての二つの物語

愛は定義するよりも気づくことのほうが容易です。以下の二つの物語は愛を見事に表しています。

愛は届く

イリノイ州ウィルメットに住む70歳のバーニー・メイヤーズが，がんで急死した際に，10歳の孫娘サラは祖父に別れの言葉を言うことができませんでした。それから数週間，サラは自分の気持ちをあまり語りませんでした。しかしある日，友達の誕生日会からヘリウムで膨らませた真っ赤な風船を持って帰宅しました。「あの子は家に入って，それから外に出て行きました。風船と，『天国のおじいちゃんへ』と書いた封筒を持って」とサラの母親は語ります。

封筒の中の手紙には，おじいちゃんが大好きです，どうにかしてそのことを伝えたいですと書かれていました。サラは自分の住所を封筒に書き，風船に結んで飛ばしました。母親はこう振り返ります。「風船は心もとない様子に見えました。木々を通り抜けることもできなさそうに思えましたが，通り抜けたのです」。

2カ月が過ぎたある日，「サラ・メイヤーズ一家」に宛てられた，ペンシルヴェニア州ヨークの消印のある手紙が届きました。

> サラとご家族と友人の方々へ。あなたのおじいさんバーニー・メイヤーズ宛のお手紙はどうやら目的地へ無事届き，おじいさんに読んでもらえたようです。天国では物を取っておくことができないのでしょう。お手紙は地球に舞い戻ってきました。天国の人たちは，考えや記憶や愛といったようなものだけを取っておくのです。サラ，あなたがおじいさんのことを想えば，いつでもおじいさんはそれに気づいてくれるし，大いなる愛をもってあなたのすぐ近くにいてくれますよ。
>
> ドン・コップより（私も孫を持つおじいちゃんです）

コップ——63歳の元受付係——は，ウィルメットから1,000km近く離れたペンシルヴェニア州北東部で狩猟をしていたとき，手紙としぼんだ風船を見つけました。風船は，少なくとも三つの州と五大湖の一つを横断してから，ブルーベリーの茂みにたどり着いたことになります。

「内容を考えるのに二，三日かかりましたが，返事を書くことは私にとって大切なことでした」とコップは振り返っています。

サラはこう言っています。「私はただ何とかしておじいちゃんから知らせがほしかったんです。ある意味で，おじいちゃんから本当に便りをもらったんだと思っています」

——ボブ・グリーン（Bob Greene）『シカゴ・トリビューン』紙（1990）より

愛について学ぶ：マザー・テレサの物語

> 私の母は……一日中，忙しくしている人でした。でも夕方［になる］と，なお一層忙しそうに動き回って父を迎える準備をしてました。その頃の私たちにはそうした母親の行動が理解できず，そんな母を笑ったり，からかったりしたものでした。でも今になって思い出します。母がどんなに大きく細やかな愛を父に対して抱いていたか。母はどんなことがあろうと，笑顔で父を迎えるつもりでいたのです。
>
> ——D・S・ハント著『愛——それは常に食べ頃の果実』における引用

愛の源

愛を感じられる源は少なくとも三つあります。それは，親，自分自身，重要な他者です。さらに神学者は重要な第四の源を挙げています。神の愛です。ほとんどの神学によると，神の愛は無条件で，恩恵の授与であり，手を伸ばせば常にそこにあり，最も確固とした成長の基盤だといいます。神の愛について十分に考察することは本書の範囲を超えていますが，神の愛というスピリチュアルな基盤はきわめて有効な場合があります。

親

親は，無条件の愛の理想的な源です。もしあなたが親から無条件の愛を受けていたのならそれは素晴らしいことですが，親というのは誤りを犯しがちで，その愛し方は不完全です。親から完璧な無条件の愛を受けた子どもはいません。しかし，過去に受けなかった愛をうらんでも何の役にも立ちません。先に述べたように，非難していては過去から脱却できませんし，無力な犠牲者のような気分になってしまいます。

自分自身

もしほかの人から愛を受けてこなかったのなら，次のように考えればよいのです。「幸せになるのに必要な愛を，どうすれば自分に与えられるだろう？」。本書でこれから述べるように，人は必要な愛をさまざまな方法で自分に与えることができます。

重要な他者

友人や配偶者や身内といった重要な他者の愛を，ここでは意図的に最後に記しました。他者から愛を受けるのは素晴らしいことです。しかし，親と同じように，他者は完璧な無条件の愛を与えてはくれません。私たちが他者から受け取る反応は，私たちの中核的な価値を真に反映しているというより，むしろその人自身に対するその人の感じ方を反映していることが多いのです。自分自身に対して現実的で好意的な意見を持っていないと，人はしばしば多くの社会的要求を持つようになります。つまり，自分の中核に対する承認——自分に欠けていて，切実に欲しているもの——を他者

に求めるのです。こういった人は相手を息苦しくさせ，情緒的に疲れてしまいます。そして自分の不安定さのせいで相手が遠ざかると，非常に大きなダメージを受けます。もし他者からの尊敬を勝ち得たとしても，それは**他者**の尊敬であって，**自尊心**とは違います。他者からの尊敬は，自尊心という内的な安心感の代わりにはならないのです。

ですから，まずは信頼できる愛の源に関して自分で責任を持つのが賢明です。その源とはあなた自身です。では，健全な愛を自分に与える方法を探る前に，愛に関するその他の重要な前提をもう少し見ていきましょう。

愛に関するその他の前提

愛は価値と同様に，無条件でなければなりませんし，一時的な失敗に揺るがされず，日々の自己評価とも無関係でなくてはなりません。言い換えれば，「よい結果を出せなくても，私は自分を愛している」ということなのです。

愛はまた，自分が重要な人間であるように**感じ**させてくれます。愛はあなたを決めつけたり，あなたに価値を与えたりするものではありません。ただ，価値に気づき，感じ，正しく認識するのを助けてくれるのです。往年の名曲，"You're Nobody Till Somebody Loves You"《人は愛されてこそ，はじめて自分を知る》を，あなたは聴いたことがあるかもしれません。曲の作者を侮辱する気はまったくないのですが，歌のタイトルを次のようにすればもっとよいのではないかと思います。"You're Always a Somebody, and Love Helps You Know It！"《あなたはいつだって重要な人間であり，愛はそれに**気づかせてくれる**！》

最後に，愛は成長の基盤となるものです。逆に，成長が愛の基盤になることはめったにありません。そのため，生産的な活動をしたり予想以上の成果を収めたりしても，中核自己に対する愛の欠如が生むつらい空虚感は，たいてい埋められません。生産的な活動で大活躍し，目覚ましい成果を収めても，後になって自分の**内面**には何かが欠けていると気づく人もいます。何人か例を挙げるなら，テッド・ターナー（Ted Turner）《メディア界の重鎮》や，グロリア・スタイネム（Gloria Steinem）《フェミニストで著述家》，そして宇宙飛行士のバズ・オールドリン（Buzz Aldrin）がそうです。欠けているものとは，中核自己に対する真の愛情です。この愛情こそが，人間の成長の土壌なのです。

多くの本には，自分自身を愛していない者は他者を愛することができず，たとえ他者から真の成熟した愛を注がれても，自己嫌悪を覆すことはできないと書かれています。個人的には，それは言いすぎではないかと思います。他者からの真の成熟した愛は，人の自己概念を変えうると私は考えます。ただ，他者の愛は常に当てにはできないというだけです。また，仮にもし幸運にも他者の愛を見つけられたとしても，それだけで自己嫌悪を変化させられる**保証**はどこにもありません。ですから，全面的に責任を持てる唯一の場所，つまり自分自身へと話を戻します。

ジョセフ・ミケロッティ（Joseph Michelotti 1991）博士の両親は，イタリアの小さな農場から来た移民で，6人の子をもうけ，そのうち一人は物理学者に，ほかの子どもは医師や弁護士になりました。子どもたちはとても愛されて育ちました。特に母親は，中核自己の価値を理解しているようでした。母親は自分が写ったお気に入りの写真を見ながら言いました。「人は死んだら，神様に『最高の状態の自分』に戻してもらえるのよ……天国で私はこんなふうになるの」。また，ジョセフが大きくなると，母親はこうも言いました。「私の誕生日プレゼントを買う必要はないのよ。それより

も，あなた自身のことを書いた手紙をちょうだい。あなたの人生について教えてちょうだい。何か困っていることはない？　幸せでいる？」。

ジョセフは高校時代に，オーケストラの一員としてミュージカルの伴奏をすることになったのですが，親に見にこなくていいと言ったことがあります。自分の役割はつまらないものだと説明したのです。「とんでもない」と母親は答えました。「もちろん私たちは行くわよ。あなたが演目に出ているのだから，行くに決まっているじゃないの」。そして，家族全員が見にきました。大いなる愛，励まし，人類の向上に対する期待……これは自尊心を築くための素晴らしい材料です。もしあなたが身近な人たちからこれらを受け取らなかったのなら，自分で自分にそれを与えればよいのです。

愛についての言葉

次の章に移る前に，愛についての以下の言葉について考えてみてください。

どの人もみな，愛し愛されるために創られました。

パンに対する飢えよりもひどい飢えがあります……それは愛に対する飢えです。

小さなことを大きな愛をもって行うのです。
大事なのは，どれだけたくさん行うかではなく，
行うときにどれだけ愛を注ぐかです。
どれだけ与えるかではなく，
与えるときにどれだけ愛を注ぐかです。
　　　　　──マザー・テレサ

自分自身と握手すること。それが，人間が最初にすべきことである。
　　　　　──ヘンリー・ウィンクラー《俳優》

第11章
中核自己を見つけ，愛し，癒す

> もし愛情深い親がいなかったのなら，あなたが自分自身の愛情深い親になることを学んだほうがよい。
>
> ——発言者不明

　人生の目的は，崇拝されることや権力を得ることではありません。人生の目的，それは愛です。マザー・テレサが述べたように，どの人もみな愛し愛されるために創られたのです。物事を見定め，その意味を理解する力は癒しの過程を支えますが，真の癒しをくれるのはそうした認識よりもむしろ愛です。

　愛は心の健康と自尊心の基盤なので，ある意味で上手なストレス管理の基盤ともいえます。ストレス管理とは，生活をうまくコントロールすることなのです。通常，ストレス管理では，現在の問題に適切に対処するスキルは教えますが，現在を楽しむために過去を癒すことの効用は概して無視しています。研究では（Pennebaker 1997; Borkovec, et al. 1983），過去や現在の心配ごとについて記述することで，気分や免疫システムが著しく改善することが示されています。

　これらの結果を説明するためにさまざまな理論が提唱されています。ある理論では，しまい込まれていた心配ごとやトラウマを紙に書き表すことでそれらが解き放たれ，苦痛が取り除かれると考えられています。また別の理論では，そのような心配について書くと，距離を置いて眺め，客観的になり，総体的な見方をし，ときには解決策を思いつくことができるのだと考えられています。私個人としては，そのほかの理由もあるのではないかと思います。羞恥心を根底に持つ人（つまり，自分は中核までダメな人間だと感じている人）はそれらの感情をたいてい否認しますが，書くことでそうした感情を認め，かつそれらの気持を重んじることになると思うのです。つまり自分の感情について記述することは，自分を愛する方法の一つです。

愛は自分の中にいる子どもを癒す

　私たち一人一人の中には一つの光，つまり中核をなすものが存在します。それは，平安，完全さ，喜び，善良さ，生来の価値，快い感情，そして私たちを人間らしくしている感情です。この中核なるものは，比喩的に「インナーチャイルド」（内なる子ども）と呼ばれます。そして，このインナーチャイルドは，私たちにとっては必要なあらゆる特性を未完成の形で持っていますが，成長しよう，

不完全な部分を改善しようとする性向をも先天的に有しています。

しかし，時がたつにつれて，私たちは多かれ少なかれインナーチャイルドと離れるか，引き裂かれてしまうのがふつうです。私たちはその過程をよく知っています。虐待，見捨てられ，批判，ネグレクトといったことが，その人自身の犯す誤りや選択と相互作用を起こし，その結果，自分には人間として欠陥があると結論づけてしまいます。自分は「間違いを犯す」と考えるのではなく，自分自身が「間違いである」，つまり中核がダメなのだと考えてしまうのです。こうして，中核のインナーチャイルドは覆い隠されたり，拒絶されたり，否認されたり，引き裂かれたり，切り離されたりします。ストレス関連の不適応状態の多くには自己嫌悪や羞恥心からくる行動が見られますが，それはインナーチャイルドとのこのような関係に根ざしています。

しかし，打ちのめされ，覆い隠され，引き裂かれながらも，実はインナーチャイルドはそのまま生き延びています。あなたは今もなお，かつてと同じ子どもなのです（Leman and Carlson 1989）。人間としての私たちの目標は，癒し，統合，完全さ，そして現在の意識と内なる中核の光との再結合を成し遂げることです。そのための治療法は，率直にいえば愛です。援助職の間ではそれを愛とは呼ばないかもしれませんが，それはまさしく愛なのです。愛は癒しになりますし，成長への礎にもなります。大人は理屈で動くものですが，中核のインナーチャイルドは愛に飢えており，その飢えに対処しない限り泣きつづけるでしょう。

大人はこの過程をよく知っています。私が受け持っているあるストレスの授業では，ストレスの関連要因として養育方法について話し合います。その授業で私は，「自分の親は完璧だったという人はいますか？」と学生に尋ねます。少し笑いが起こります。そこで続けて今度は「自分の親はまあ完璧に近かったという人はいますか？」と学生に尋ねます。手を挙げた学生は，自分が尊重されたことや，時間や愛情を惜しげもなく注いでもらったことなどについて話し，たいていうれしそうな表情を浮かべます。こういった学生は多くの場合，学業も日常生活も順調で，神経症のように追いつめられた心理状態ではありません。反対に，愛情の欲求がまだ満たされていない人には，不安感や，楽しみのない努力，社会的要求の多さ，怒り，そして地位へのこだわりなどが見られがちです。

修正体験は幼時の傷を癒す

たとえ愛の足りない状態で育ってきても，大人になって「心の穴」を癒すことはできるのでしょうか？ 答えはイエスです。一つの方法は，アルコール依存と機能不全の家庭生活に関する文献に載っていたものです。この文献で用いているイメージは，情動と理性の併用を重視しています。多くの人は完璧ではない過去を抱えているので，修正体験を用いれば過去を解決し，それによって前進することが可能になります（Alexander 1932）。以下に示すのは2種類の修正体験の手順ですが，これはジョン・ブラッドショー（John Bradshaw 1988）とパム・レヴィン（Pam Levin 1988）の研究結果に手を加えたものです。

修正体験1：中核自己を見つけ，愛そう

この練習は5段階からなり，目的は中核自己，つまりインナーチャイルドを見つけ出して愛することです。

1. まず，あなたにとって特に大切な友人，家族，もしくは身近な人の名前を書き出しましょう。つまり，一緒にいて心地よい気分になる（なった）人，温もりや安心感を与えてくれ，自分に対する受容や愛を感じさせてくれる（くれた）人などです。最初にカップルを，その後，個人を挙げましょう（友人，同僚，教師を含む）。
2. 約15分の間，邪魔されずに静かに心地よく座っていられる場所を見つけましょう。
3. 深呼吸を2回しましょう。息を吐くとき，「リラックスしよう」と言ってください。
4. 自分が赤ん坊で，愛情深い人たちに囲まれている場面をイメージしましょう。それは先ほど思い浮かべた人たちでもよいですし，温かく愛情深い二人の大人でも結構です。あるいは，自分の親がこうだったらよかったと思うような，理想の親の姿でもかまいません。あなたを知っていて愛してきた人たち──自分を重要な人間，価値ある人間と感じさせてくれた人たち──を合成した人物を思い浮かべてもよいでしょう。
5. あなたは赤ん坊の頃に下にあるような言葉を聞く必要がありました。一人一人からの，下にあるような語りかけを自分が聞いているところを想像してみてください。

- あなたがここにいてくれて，私たちはとてもうれしいよ。
- この世界へようこそ。
- この家によく生まれてきてくれたね。
- あなたが男の子（女の子）で，私たちはとてもうれしいよ。
- かわいいね。
- うちの子どもは，どの子もみんなかわいい。
- 私たちはあなたのそばにいたいし，抱きしめたいし，かわいがりたい。
- うれしいときや楽しいときもあるだろうし，悲しいとき，つらいとき，腹が立つとき，それに心配なときもあるだろうね。そういう気持ちもすべて，私たちは受け入れるよ。
- 私たちはあなたのためにここにいるからね。
- あなたの望みを満たすのに必要な時間をすべて，あなたにあげるね。
- 歩き回ってもいいし，手を離してもいいし，探検したり，いろいろなことを試みてもいいよ。
- 私たちはどこにも行かないからね。

　この声をかけている人たちがあなたを抱いてあやし，かわいがり，愛情に満ちた眼差しで優しく見つめていて，あなたもその感情に応えているところを想像してみましょう。
　次の修正体験に移る前に，このイメージを二日連続で練習しましょう。

修正体験2：失ったインナーチャイルドを抱きしめる

　ここでもまた，最低15分間は邪魔されないような場所を見つけましょう。そしてリラックスして，数分間，呼吸に意識を集中させましょう。呼吸を意識しながら，吸うときと吐くときの空気に注意を向け，吸い込むときと吐き出すときの空気の違いに注目してください。そしてその違いに意識を集中させましょう。その後，以下の場面をイメージしてみましょう。

　　あなたは長い階段を下りています。ゆっくり下りながら，10から1まで数を逆に数えていきましょう。階段を下りきったら，左に曲がり長い廊下を歩いてください。その廊下の左右には扉が並んでいて，それぞれの扉には色の付いたマークがあります。廊下の突き当たりを見ると，そこには光の集まっている場所があります。その光を通り抜け，時間をさかのぼり，7歳以前に住んでいた通りへ行きましょう。あなたがかつて住んでいた家までその通りを歩いてみましょう。屋根，家の色，窓，ドアを見てください。玄関から小さな子どもが出てきました。どんな服を着ていますか？　子どもが履いている靴は何色ですか？

　　子どもに近寄ってみてください。そして，「私はあなたの未来から来たんだよ」と子どもに語りかけましょう。「私はあなたの経験してきたことを誰よりもよく知っているよ」と伝えましょう。苦しみ，見捨てられ感，羞恥心。「これからあなたはさまざまな人を知ることになるけれど，私だけは決してあなたのもとを去りはしないからね」と伝えてください。そして，自分と一緒に家に帰りたいかどうかを尋ねましょう。もし子どもがそれを望まないなら，「明日また来るね」と伝えましょう。もし子どもが一緒に帰りたいと言ったら，子どもの手を取り，歩き出しましょう。小さな手が与えてくれる温もりと喜び，そしてその子どもと一緒にいることの温かさと喜びを感じましょう。歩いていくと，玄関にあなたの母親と父親が出てくるのが見えます。手を振って，両親に「さよなら」を言いましょう。振り返りながら歩きつづけ，両親の姿がどんどん小さくなり，完全に消えてしまうまで見届けましょう。

　　角を曲がると，あなたの大いなる存在《神などの，自分より偉大な存在》と大切な友人とがあなたを待っているのが見えます。友人を抱きしめ，大いなる存在をあなたの心に迎え入れてください。全員が子どもを抱きしめ，喜びに満ちています。あなたも子どもを抱きしめ，子どもがあなたを温かく抱きしめるのを感じましょう。片手で子どもを抱え，子どもが手の平ほどの大きさになるのを想像してみましょう。もしくは，子どもを抱きしめ，子どもがあなたの中に吸収されて，あなたがその子の喜びや希望，可能性で満たされるのを感じましょう。「いつでも一緒にいられるように，あなたを私の心の中にしまっておくよ」と子どもに伝えましょう。そして，子どもに毎日5分間会うことを約束しましょう。厳密に時間を決めて，それを守るようにしましょう。

　　次に，どこか野外の美しい場所へ歩いていくところを想像してみましょう。その場所の中央に立ち，先ほどあなたが経験したことについて考えてみましょう。あなたの心の中で交わされる，大いなる存在やすべてのものとのコミュニケーションを感じ取りましょう。それから，空を見上げてください。紫がかった白い雲が数字の5の形になっています。5が4になるのを見つめながら，自分の両足全体に注意を向けましょう。4が3になるのを見つめながら，生き生きとした活力をお腹と両腕に感じましょう。3が2になるのを見つめながら，両手と顔，そして体全体の活力を感じましょう。これから，あなたは完全に目を覚まします。完全に覚醒した心によって，どんなことでもすることができます。2が1

になったら，この体験を覚えたまま，完全に目を覚ましてください。

　あなたの中に住んでいる子どもを思い出すために，可能であれば，自分の幼い頃の写真を用意しましょう。そして，このイメージ練習を二日連続で行ってください。

　私はよく，学生に小さい頃の写真を見つけて持ってくるように伝えます。学生はたいてい，とても喜んで写真を持ってきます。特に私の心に残っているのは，当時，私が理解することも好意を持つことも難しかったある学生のことです。その男子学生は寡黙で引っ込み思案であり，話しかけられると下を向いてしまうのです。その学生が写真を持ってきたのですが，写真の中で，彼は移民である両親の横に立ち，純粋無垢な表情を浮かべていました。それは感受性の鋭い幼い子どもだけが持つ表情です。そのときから，私はその学生に大きな親愛の情を持つようになり，違った目，つまり彼の内なる自己を理解している目で見るようになりました。真の好ましい自己は，外的な要因が中核を覆い隠す前の子ども時代に姿を見せることが多いものです。中核を目にすると，一人一人が奇跡のような存在だということを思い出すのです。

ジェニファー・バーマン（Jennifer Berman）の許可を得て転載。
Copyright 1989 by Jennifer Berman

第12章
愛のある言葉

　長続きする愛情関係にみる特徴は，感謝と好意，敬意，そして受容です。健全な関係にあっては，次のような無言の思いがあるように見えます。「あなたが完璧な人間でないことや，私の期待どおりの人間でないことはとっくに承知しているよ。それにあなたの好みや癖を一緒におもしろがって笑うこともあるかもしれないけど，知ってのとおり，そんな冗談の根底には，好きだという嘘偽りない気持ちがあるんだ。私は決して軽蔑やあざけりの気持ちでそんな冗談を言ったりはしないよ」。逆説的ですが，この敬意に満ちた雰囲気が人の変化と成長を促すのです。同様に，自分自身に対する思いやりに満ちた態度も，成長を促し，支えます。

　これまでに見てきたように，心の中で否定的な対話をすると，成長と人生の楽しみが阻まれることがあります。次に紹介するスキルは，自分自身のことを現実的に，しかも思いやりをもって考えようという決意を強めてくれます。

思いやりのある表現

　「あなたは自分のことを有能だと思いますか？」この質問を聞いて，あなたは「そうだなあ，有能というのは完璧に有能という意味だろう。自分は間違いなく，完璧に有能というわけじゃない。だとすると，自分は無能だということになるのだろうか？」と考えるかもしれません。

　このような白か黒かの考え方の例を見ると，なぜ多くの人がなかなか自分のことをよく思えないかがわかります。図で示すと，この考えのプロセスは以下のようになります。

　上の図は，有能という言葉が「完璧に有能」であることを意味し，無能が「何の能力もない」「完全な能なし」であることを意味しています。この考え方によれば，10でない人は，0にならざるをえません。第6章では，自己を評価するのではなく行動を評価する方法を示しました。今度は，正確かつ思いやりをもって自己を考えるもう一つの方法を提案します。

```
|--------------------------------|--------------------------------|
無能                              有能                              完璧
```

　この考え方では，中間の状態が正しく認識されています。もちろん，完璧な人，つまり完成していて欠点がない人など一人もいません。しかし，どの人も相対的な意味では有能です。ときどき独特な面で有能さを発揮したり，未発達な有能さを発揮したりします。この基準に従えば，誰もが有能だと考えることができます。

　次に下に示した線の左端を見て下さい。否定的なラベルが並んでいます。そして反対側の端には「完璧」とあります。そして中間には，人を表現するのに使われる，もっと思いやりのある正確な言葉が書いてあります。

```
0                                                              10
|--------------------------------|--------------------------------|
敗者                              勝者                              完璧
バカ                              学習者
ダメ人間                           成功者
```

　「ダメ人間」とは，挫折したまま何の貢献も学習もしない人間を意味します。生きている限り，誰でも今なお学習中で貢献する可能性を持っているのですから，自分自身をダメ人間と結論づける必要はありません。「成功者」という言葉が，学習し，挑戦し，何らかの貢献をする人を指しているとすれば，誰もが自分自身を成功者と考えてもおかしくありません。といっても，自己満足しろと言っているわけではありません。人は完璧を求めなくても，高い水準や最善の努力を目指すことはできるのです。

練習のため,下記のリストにラベルを追加してみてください。中央には,左端にある言葉よりも思いやりのある,より正確な表現を書きましょう。

```
0                                    10
|────────────────|────────────────|
                                   完璧
```

間抜け　　　_____

くず　　　　_____

役立たず　　_____

嫌われ者　　_____

_____　　_____

_____　　_____

_____　　_____

_____　　_____

チャンネルを変える

　以下に示したのは，私たちが自分や他者に対して語る不健全な言葉の例です。「不健全な言葉」とは，人をおとしめたり傷つけたりする言葉を意味します。もし自分がこのように考えていたり，話したりしていることに気づいたら，すぐに自分自身に「ストップ！」と言うのが賢明です。そして，チャンネルを変えましょう。「チャンネルを変える」というのは，敬意を込めて——成長を促し，自尊心を養うような形で——自分のことを考えたり話しかけたりするという意味です。チャンネルを変えると，情緒的な変化が起きることに注目してください。

自分に対する不健全な語りかけ	ストップ！　チャンネルを変えましょう
私はただの＿＿＿＿＿＿にすぎない（教師，看護師など）。	私は＿＿＿＿＿＿だ（教師，看護師など）。 私は正直で勤勉な＿＿＿＿＿＿だ。 私は＿＿＿＿＿＿であることに満足している。 私は向上するつもりだ。
私は絶対に成功できない。	成功とは，努力して，望む方向へ進んでいくことだ。
自分が＿＿＿＿＿＿さえしていればよかったのに。	次の機会には，＿＿＿＿＿＿しよう。
私は自分のここが大嫌いだ。	何ておもしろい癖なんだろう。 これからこれを直していこう。 改善するにつれて，自分のことをいっそうよく思えるようになっていくだろう。
私はたぶん失敗するだろう。	私は挑戦することを恐れない。なぜなら，私の価値は自分の内側から発しているからだ。
私は太っている。	私は体重が余分にある。私はこの余分な体重を落とすつもりだ。

不健全な言葉に対する自己監視：練習

　私はある日，授業に向かう途中で，ある大学院生がピクニックテーブルの前に座り，この課題についてじっと考え込んでいるのに気づきました。そこで私はこっそり背後に回り，彼女の財布を「盗み」ました。歩いてその場を立ち去りながら，彼女に聞こえるくらい大きな声で「しめしめ！　ずいぶん簡単だったな。この財布に大金が入っているといいけど」と言いました。彼女は笑い，顔を真っ赤にしました。このとき，「私って何てバカなの……本当にぼーっとしているんだから」という考え方もできたでしょう。しかし，後で見せてくれた課題の回答には，「泥棒のような邪魔が入っても，私はとても集中していられる」と書いてありました。愛のある態度というのは，まさに日々決心するものなのです。愛のある態度を選べば，やがては望ましい感情がついてきます。

　これから二日間，自己卑下する言葉を発している自分に気づけるかどうか試してみましょう。気づいたときには，励ましの言葉に置き換えてみましょう。

自分に対する不健全な語りかけ	励ましの言葉・考え
1日目	
1.	
2.	
2日目	
1.	
2.	

第13章
他者からの好意的な意見

> 私たちは自分の強みについて，密やかに，しかしもっと率直に棚卸しをしたほうがよい。なぜなら，この件に関しては大半の人が帳簿を偽りがちで，内容を確認する「外部監査人」が必要だからである。
>
> ——ニール・A・マックスウェル（Neal A. Maxwell）《モルモン教会の長老》

このあたりで，他者からの愛と承認について要点をまとめておくのがよいでしょう。

1. 他者からの愛と承認は自尊心と等しいものではない。もし等しければ，それは**他尊**心であり，自尊心ではない。
2. ただし，他者からの愛と承認は，自尊心の成長を手助けする。

批判の言葉は自分が同意しない限り自尊心を傷つけはしませんが，愛と承認もやはり，自分が同意しなければ自尊心を養いはしません。といっても，愛情関係の尊さを軽視するわけではありません。ただ，「自尊心はまさに**自尊心**だ」と言っているのです。誰かが自分を愛してくれ，自分が重要な存在のように**感じられた**としたら，それは素晴らしい贈りものであり，それに対しては深く感謝するといいでしょう。しかし，こうした愛情関係がなくても自尊心を持つことは可能です。例えば，夫に先立たれてひとり暮らしをしている女性も，自尊心を持つことはできます。

それには自分自身に次のように問いかけてみましょう。「私は自分のどこが好きなんだろう？ どんな特徴や性質，スキル，行為などをよいと思っているだろう？」。多くの人，特に自尊心が低い人やその練習をしていない人たちは，これらの質問には答えにくいと思うでしょう。

次の章では自分の長所について検討します。以下の練習は，その作業に役立ち，ウォーミングアップとなるものです。この練習の必要条件は，（1）あなたを含めて，お互いのことをよく知っている人たちで小さなグループを作れること，（2）グループのメンバーは，楽しい経験をするのと引き換えに，匿名でお互いの好印象を伝え合うことに抵抗がない，ということです。グループの人数にもよりますが，所要時間は約1時間ほどでしょう。

さまざまな才能の輪：練習

　他者からの承認と肯定の言葉は，自尊心と等しいものではありません。しかし，他者からのよい意見を聞き入れ，それを検討すれば，事実を認識しやすくなる可能性があります。それによって，自分自身の才能を認め，現実的で好意的な見方ができるようになるかもしれません。

1. 円になって座りましょう。人数は6～10人が理想的ですが，何人でもできます。全員が筆記用具と紙を用意してください。
2. どの人も，紙の最上部に自分の名前を大きな字で書いてください。
3. 「回してください」という合図があったら，全員，その紙を右隣の人に渡してください。
4. 紙を受け取った人は，そこに書いてある名前の人について，よいと思う点を三つ書きます。その人の性格でも，長所でも，特性でも，行為でも何でも結構です（例えば，「あなたの笑顔が好き」「自然の美しさを理解して，それを私にも気づかせてくれるところがいい」「感謝の気持ちの表し方に感心する」「私を_____という気分にさせてくれる」など）。誰が書いたか誰にもわからないように，コメントはみな，ばらばらの場所に書いてください。
5. よいと思う点三つを全員が書き終わったら，「いいですね，回してください」という合図を出し，全員が右隣の人に紙を渡します。そして，4.の手順を繰り返します。
6. 紙を回しつづけ，すべての紙に全員がコメントを書き終わり，自分の紙が左隣の人まで来たら，回すのをやめます。
7. そこまでいったら，全員が順番で，右隣の人について書かれたコメントを読み上げます。自分へのコメントを聞くときは，以下のことに気をつけましょう。

    - リラックスしましょう。
    - よく耳を傾け，楽しみながら，一つ一つのメッセージが心に刻まれるようにしましょう。
    - あなたに関するコメントについて，みんなが的確な判断をしていると信じましょう。
    - 自己卑下の言葉を思い浮かべて，ほめ言葉に疑念を持つのはやめましょう（例えば，「そうかもしれないけど，でも，みんな知らないだけなんだ」「ただ気を遣ってそう言ってくれているだけだ」「みんな，私にだまされている」など）。もしこのようなコメントが浮かんできたら，「ストップ！　こういう言葉を伝え合うのは健全なことじゃないか。これらのコメントに多かれ少なかれ真実が含まれている可能性を認めよう」と考えましょう。

　この練習は，あらゆる年齢の人に役立ち，家族にも素晴らしい効果をもたらします。多くの場合，「ほかの人がそんなことを考えていたなんて思いもしなかった」というような感想が聞かれるでしょう。グループのメンバー間で，よい感情が強まるはずです。自分のことが書かれた紙を取っておき，元気になりたいときや自分の長所を思い出したいとき，それを読む人もいます。

第14章
よい特性を認識し，受け入れる

私は，自分で思っていたより大きくて，善い人間だった。
自分がこれほどの善良さを持っているとは知らなかった。

——ウォルト・ホイットマン《詩人》

　自尊心は，現在の自己の「よい」部分をしっかり認識することで養えます。しかし多くの人にとって，これは難しいことです。なぜなら否定的な思考習慣のせいで，悪い部分に目が行きやすくなっているためです。欠点や弱みを認識することには利点もありますが，長所を無視して欠点ばかり見るようになると，自尊心が損なわれてしまいます。

　そこで，ここでは好意的に長所を認めて強化していく練習をします。そうすることは自分自身を愛する方法の一つなのです。このスキルは，3人のカナダ人研究者ゴティエ，ペルラン，ルノー（Gauthier, Pellerin and Renaud 1983）の研究に基づいています。3人が用いた方法により，たった数週間で被験者の自尊心を高めることができました。

　ウォーミングアップとして，以下の特性のうち，あなたが時折ある程度発揮するか，あるいは発揮したことがあるものをチェックしてください。

_____ 清潔さ	_____ ものの真価がわかる
_____ 器用さ	_____ 礼儀正しい，丁寧
_____ 読み書きができる（この本をここまで読めている人はチェックすること）	_____ 美しさや自然のよさがわかる
_____ 時間を守る	_____ 道徳観念がある，倫理的である
_____ 自分に自信がある	_____ 勤勉
_____ 熱意がある，はつらつとしている	_____ 責任感がある，頼りになる
_____ 楽観的	_____ まめ，几帳面，きちんとしている
_____ ユーモアがある，陽気，おもしろい	_____ 人と分かち合う
_____ 親しみやすい	_____ 元気づける，ほめる
_____ 優しい	_____ 魅力がある
_____ 誠実，献身的	_____ 身なりがきちんとしている
_____ 信用できる	_____ 体が健康
_____ 人を信じられる，人のよい部分を見る	_____ 知的，頭がきれる
_____ 愛情深い	_____ 協調性がある
_____ たくましい，力強い	_____ 寛大，ミスや欠点の背後に目を向けられる
_____ 決意が固い，毅然としている，動じない	_____ 人をなだめる
_____ 我慢強い	_____ 落ち着いている，穏やか
_____ 理性的，分別がある，論理的	_____ 成功している
_____ 直感的，自分の直感を信じている	_____ 頭が柔らかい
_____ 創造的，想像力に富んでいる	_____ 機転が利く
_____ 思いやりがある，親切，気遣いができる	_____ のびのびしている
_____ 自制心がある	_____ 柔軟，順応性がある
_____ 説得力がある	_____ 精力的
_____ 才能がある	_____ 表情が豊か
_____ 快活	_____ 愛情表現をする
_____ 感性が細やか，思慮深い	_____ 優雅，気品がある
_____ 気前がよい	_____ 冒険心がある

以下の事柄の中で，あなたが時折ある程度上手にできるものがあれば，チェックを付けてください。

_____ 社交的なつき合い	_____ 意思決定	_____ 手紙を書くこと
_____ 話を聞くこと	_____ 相談を受けること	_____ 考えること
_____ 料理	_____ 手助けすること	_____ 人に何かを頼むこと
_____ 運動	_____ 「チアリーダー」役，応援	_____ 手本となること
_____ 掃除	_____ 計画立案	_____ よい夫または妻であること
_____ 仕事	_____ 指導者に従うこと	_____ 批判を受け止めること
_____ よい友人であること	_____ 誤りを修正すること	_____ リスクを引き受けること
_____ 音楽や歌	_____ 微笑むこと	_____ 趣味を楽しむこと
_____ 学ぶこと	_____ 議論	_____ お金の管理
_____ リーダーやコーチの役割	_____ 仲介	_____ 家族としての役割
_____ 組織をまとめること	_____ 物語を話すこと	

　これらの項目にチェックを付けるには，完璧である必要はありません。なぜなら，どの項目であれ，「常にそうだ」とか「完璧にそうだ」などと言える人は**一人もいない**からです。もしあなたがいくつかの項目にチェックを付けることができ，しかもこの非常に複雑な世界でまあまあ正常な精神状態を維持してこられたなら，自分を上出来だとほめてあげましょう。これはウォーミングアップにすぎないことを思い出してください。以下に続く練習は，自尊心を養うのに非常に効果的であることが明らかになっているものです。

認知的リハーサル：練習

1. 自分自身について，有意義で現実的かつ真実に基づく肯定的な言葉を10個作りましょう。前のページにあるリストから作っても，自分で作り出してもかまいません。両方の方法を組み合わせても結構です。例としては，「私は，自分の家族（チーム，クラブなど）の誠実で責任感あるメンバーだ」「私は清潔で几帳面だ」「私は関心をもって人の話を聞く」などが挙げられます。自分がうまくこなせる役割を挙げるときは，それがなぜなのかを示すような，自分の具体的な特徴を付け加えてみてください。例えば，ただ「自分は優れた経営者だ」というかわりに，「状況判断が速く，決然と対応でき，礼儀正しく人に接する」と付け加えるとよいでしょう。役割はやがて変わるかもしれませんが，人柄や性格特性はさまざまな役割において発揮される可能性があります。

2. 肯定的な10個の言葉を，以下の空欄に書きましょう。

3. 15～20分間，邪魔されずにリラックスできる場所を探しましょう。1～2分間，一つの言葉と，その正しさを裏づける証拠について深く考えます。こうしたことをそれぞれの言葉について繰り返しましょう。

4. 10日間続けて，この練習をしましょう。毎日，空欄に新しい言葉を追加してください。

5. 一日数回，約2分間，このリストの1項目を見ましょう。そして，その正しさを裏づける証拠について深く考えましょう。

肯定的な言葉

1.
2.
3.
4.
5.
6.
7.
8.
9.
10.

追加の言葉

1.
2.
3.
4.
5.
6.

7.

8.

9.

10.

　お望みならば，カードに書いて，それを携帯してもよいでしょう。日中はカードのほうが見やすいという人もいます。
　このスキルでは，好意的な考えや感情を用いて，「私はダメだ」という全か無かの歪んだ思考に反論します。これを練習した後，自分がどう感じるようになったかに注目してみてください。実際にやってみた人は，この練習を特に気に入るようです。これまでの数年間に聞いた感想をいくつか紹介します。

- 私って思ったより悪くないんじゃないかな。
- 練習することで，気分がよくなりました。最初はこういった言葉を信じられませんでしたが，後になって通学中（通勤中）に微笑んでいる自分に気づきました。
- これらの言葉どおりに行動しようという**意欲**を感じています。
- 穏やかで落ち着いた気分になりました。
- 自分で認めているよりもずっと多くのよい面が自分にあることを学びました。

第15章
体への好意を養う

　体は外的な要因です。中核なるものではありません。体はその人の価値と等しいわけではありません。しかし，体は中核の象徴です。体に対する感じ方が，中核自己に対する感じ方に似ていることは少なくありません。

　例えば，体は愛を受け止めたり感じたりできる手段の一つです。自分を心から気遣ってくれている人に抱きしめられたり，そっと触れられたりしたときの感じを想像してみてください。体が感じ取る感覚は，内なる中核によっても知覚されます。鏡に映った体を好意をもって眺めれば，中核に対しても同じように感じやすくなるでしょう。多くの場合，体を尊重し，気遣う態度をとれば――これは賢明な健康習慣に反映されます――中核自己に関する気持ちにもよい影響を与えます。

　反対に，不当に扱ったり嘲ったりすれば，体を辱めることになり，ひいては中核まで辱められる場合が少なくありません。ある人が，「もしあの傷がなかったら，しわがなかったら，脂肪がなかったら，自分の体をよく思えるだろうに」と考えたとしたら，中核自己を愛するのにも厳しい条件を付けるのではないでしょうか。体の欠点に厳しい人は，おそらく中核自己にも厳しいでしょう。

　しかし，どんなに自分の体を否定的に見るようになっても，あるいは好ましくない扱い方をしていても，内なる中核は損なわれることなく，癒しや元気をくれる愛に敏感に反応します。体への好意的態度を養えば，中核自己に対してもっと優しい感じ方をするようになるでしょう。そのために，この章の最後では，現在の体の状態いかんにかかわらず，体への健全な好意的態度を養う練習を紹介します。これまで，誰かがあなたの体に関して不健全で批判的なメッセージを発していたとしても，どんな人も自分の体に対する肯定的な感じ方を学習もしくは再学習することができるのです。

体の素晴らしさ

　心臓外科医として輝かしい功績を残したラッセル・M・ネルソン医師（Russell M. Nelson, 1988）は，体の驚異について優れた洞察力を持っており，次のように呼びかけました。あなたが今までに見た素晴らしい景色のことを考えてみてください。例えば，雄大な山，青々とした牧草地を優雅に走る力強い馬，摩天楼などです。今度は，鏡に映った自分の素晴らしい体のことを考えてみてください。しばらく欠点のことは忘れましょう。ネルソンいわく，magnificent（素晴らしい）という言葉はラテン語の二つの語源に由来しています。magniは「偉大」を意味し，facereは「作ること」を意味しています。そのため，magnificent，つまり偉大に作られたという言葉は，人体にぴったりなのです。

体という宝石箱に詰まっている驚異について見ていきましょう。

受胎してから成熟するまで

　受胎のとき精子と卵子が結合しますが，それがどのように起きるかは部分的にしか解明されていません。この結合から形成される一つの細胞は，親から受け継がれる唯一無二の遺伝子コード——いわば先祖全員を集約したもの——に従って，数えきれないほどの回数を経て増殖していきます。細胞はDNAの60億段階からなる遺伝子コードに従って増殖します。この遺伝子コードをまっすぐ伸ばすと大人の身長ほどの長さにもなりますが，各細胞の核の中ではたった約0.01mmの長さの螺旋状になっています。受胎から間もなく，細胞は生きるために必要な5万種類以上のたんぱく質を生成します。各細胞は同じ身体設計図を持っており，どんな種類の体細胞にでも変化できますが，特定の遺伝子を活性化または抑制することで分化していきます。こうして，目になる細胞もあれば，心臓細胞になるもの，あるいは必要な血管や神経になって適切なとき適切な場所に現れるものもあります。一生を通して，細胞は5トンのたんぱく質を生成します。成熟した体は日々3,000億個の細胞を生成して，全部で75兆個ある細胞を維持します。体細胞を一列に並べると，長さは何と約190万kmにもなります。

驚異の循環系

　心臓はすべての細胞に命を運びます。この心臓という素晴らしい筋肉はたった300グラム程度の重さしかありませんが，毎日休むことなく一日約一万リットルの血液を送り出し，一生を通して25億回，拍動します。ほかの筋肉なら数分で疲れてしまうペースです。実のところ，心臓は横に並んだ二つのポンプだといえます。片方のポンプは，全長約12万kmある血管に血液が循環するよう，力強く血液を送り出します。もう片方は，デリケートな肺胞を傷つけないよう，静かに肺に血液を送ります。心臓細胞は別々だと，違うリズムで脈打ちますが，一緒になると，超一流の交響楽団のような一体性と同調性で脈打ちます。今日の科学技術では，心臓の耐久性を再現することはできません。血液が大動脈に押し出される力には，硬い金属パイプさえすぐに破損してしまうでしょう。しかし，柔軟で非常に薄い心臓の弁は，どんな人工の物質よりも丈夫なのです。

頑丈な骨格系

　全身に206個ある骨は，同じ重量の鋼鉄や強化コンクリートよりも頑丈です。このような人工の物質と違って，骨はウェイトリフティングをすることによって密度と強度が高まります。68個の関節には常に潤滑液が供給されており，信じがたいような連続的な動きを可能にしています。例えば，背骨にある33個の脊椎骨は400個の筋肉と1,000個の靭帯に支えられていて，頭部と体がありとあらゆる姿勢をとれるようにしています。また，手のとてつもない能力についても考えてみてください。びんのふたを力強く回すこともできますし，繊細な動きでとげを抜くこともできます。丈夫で精密かつ複雑な親指は，科学では再現することができません。親指を回転させるには脳からの何千もの指令が必要です。手は，絶えず指の関節を伸縮させており，その回数は一生を通して2,500万

回以上にもなります。また一方,骨髄というスペースはきわめて有効に活用されています。毎秒250万個の赤血球を生成して,全身の25兆個の赤血球を補充しているのです。ちなみに,25兆個の赤血球を積み上げると,上空約5,000万mに達します。

　また,全身に650個ある筋肉の役割を考えてみてください。ただ単に一歩足を踏み出すだけで,200個の筋肉が必要です。脚の40個の筋肉が脚を持ち上げると,背筋がバランスを保ち,腹筋が後ろへの転倒を防ぐのです。

世界を感知する

　街角のカフェでおいしい飲みものを飲んでいるところを想像してください。調理中の食べものの匂いがし,客のにぎやかな会話が耳に入ります。色とりどりの花や,散歩をする人たち,ゆっくりと漂っている雲が目に映り,顔には風を感じます。複雑な神経回路や,脳内の無数の信号のおかげで,あなたは一瞬のうちにこれら周りの世界を感じることができます。さあ,この能力の驚異について考えていきましょう。

　私たちの目,耳,鼻はまさに小型化の奇跡ともいえるすぐれた器官です。鏡で自分の姿を見ると,完全な平面の像が三次元で見えます。絶え間ない目の動きは,一日に80kmの距離を歩くのに相当します。しかも網膜の数千万もの受容体は毎秒数十億回の計算を行い,目をどんなカメラよりも精密で価値あるものにしています。さらに,目はカメラと違って自洗式です。

　会話が耳に届くと,鼓膜は水素原子の直径と同じ分だけ動きます。きわめて小さい動きですが,この非常に敏感な耳のおかげで私たちは人の声を聞き分けたり,音のほうに振り向いたりすることができるのです。さらに耳は,姿勢のバランスがほんのわずかでも悪ければ,そのことを脳に伝えます。

　切手のサイズより小さい鼻孔には,匂いを嗅ぐための受容体がそれぞれ1,000万個あり,それによって脳は最大で1万種類もの匂いを嗅ぎ分けたり記憶したりできます。

　ところで,体の覆いとして皮膚より素晴らしいものを想像することができますか? 平均的な1cm²(小指の爪のサイズ)の皮膚の下には,接触や温度,痛みといったものを感知する数百もの神経末端があります。もちろん,体温を下げるための100個の汗腺や,太陽光から身を守る多数のメラニン細胞もあります。

並外れた防御システム

　いついかなる瞬間にも,体はどんな国の防衛システムよりも精巧な防御システムを用いて,多くの強力な侵入者から自らを守っています。皮膚は一次防御ラインです。皮膚には塩分と酸があり,多くの微生物を殺すとともに,それ以外の多数の不純物が体内に入らないようにしています。

　私たちは一日に約8,000リットル,つまり小さな部屋一つ分の空気を吸い込みますが,そこには200億個のゴミが含まれています。鼻と気管と肺は,優れた内蔵型空調・加湿システムの役割を果たします。鼻と咽喉にはリゾチームがあり,ほとんどのバクテリアやウイルスを殺してくれます。気管では粘液がゴミをとらえ,繊毛と呼ばれる数百万の細かい毛が,ものを飲み込むために粘液を勢いよくのどへ押し戻します。胃にある強い酸は,強力な微生物を殺します。子どもが水溜りの水を飲

んでも，たいてい健康でいられるのはそのためです。鼻の中に入ってくる空気は，常に75〜80％の湿度に調整されます。寒い日には，吸い込んだ空気を暖めるため鼻へ多めに血液が送られます。

死滅しなかった微生物があると，たちまち驚くべき活動が開始されます。数十億個を超える白血球が，体内への侵入者を容赦なく飲み込むか殺します。免疫系のその他の細胞は，抗体を作る細胞を増殖させ，命令を下します（100万種類の抗体を作ることができ，それぞれが微生物一つずつに対応しています）。必要に応じて，白血球は侵入者を殺すために発熱をひきおこし，戦いが終わると発熱も治まります。戦いから得た教訓は保持され，免疫系はその侵入者および将来それに対処する方法を記憶します。

必要な栄養物を吸収する消化管の近くには，肝臓があります。この臓器は生命維持に関わる500種類の処理を行いますが，腸が吸収したすべての栄養物の処理と，毒素の中和も行います。例えば，血液が肝臓を流れる8秒の間に，肝臓はカフェインやニコチンといったものをかなり解毒します。カフェインやニコチンが心臓に直接届くと，命にさえ関わりかねないのです。

体の知恵

体の複雑な無数の機能を監督しているのが，脳です。重さわずか1.4kg程度の脳の中には1,000億個の神経細胞があり，どんなに精巧なコンピュータも粗雑に見えるほどです。各神経細胞はほかの数千の神経細胞とつながることができ，つながった神経細胞もまたほかの数千の神経細胞とつながることができるため，脳の柔軟性や複雑性，そしてその可能性はまさに驚嘆に値します。

例えば，脳は生命を維持するために，体の内部を驚くほど一定の状態に保っています。したがって気温50度の砂漠に住んでいる場合には，脳は熱を放出し発汗を増やすために，皮膚にもっと血液を送るように命令します。極寒の地に行けば，皮膚から重要な臓器へと血液が振り向けられると同時に，震えることで熱を起こします。もし出血したら，水分が組織から血管内に集められるとともに，適切な血圧を維持するため，重要でない血管は収縮します。脳は体内のバランスを維持する一方で，決定を下したり，問題を解決したり，夢を見たり，記憶を検索したり，顔を見分けたりするほか，知恵や人格を高める無限の能力をもっています。

その他の体の不思議

体はどのようにして，「かつて畑で揺れていた小麦の粒」を「私たちが手を振るエネルギー」へと（National Geographic Society 1986），あるいは生きた組織へと変えるのか，考えてみてください。まず消化管内で一連の複雑な変化が起き，その後，細胞内でさらに複雑な変化が起きるのです。

肺の中にある3億個の肺胞の素晴らしさについて，少し考えてみてください。肺胞は私たちが吸った空気中の酸素と，体の細胞から排泄される二酸化炭素を交換します。これらの肺胞を平らに広げると，テニスコート約1枚分の面積になります。

体の自己修復能力についても考えてみてください。テーブルの脚やパイプとは違って，骨や血管，皮膚といった体の部分は自己修復することができます。

さらに，バックアップ機能を持つ臓器もたくさんあります。例えば，目や腎臓や肺は二つあります。生命維持に必要ながらも一つしかない肝臓は，非常に優れた再生能力を持っています。8割の

部分が損なわれるか切除されても肝臓は機能しますし，数カ月で元の大きさに戻ります。

これまでみてきたように，体の複雑さや素晴らしさについてじっくり考えることは，自分の体を好意的に考えることに必ず役立ちます。次の練習もやはり，自分の体を健全な好意をもって感じるのに役立ちます。

体への好意：練習

体に対する見方が中核自己への感じ方に影響を与えていることがわかったでしょうか？　嫌なことについてくよくよ考えるのは，プラス面を無視して，否定的な考えに目を向けつづける認知の歪みです。それによって，あなたは概して否定的な気分になるかもしれません。特に嫌だと思っている体の部分に目を向けつづけてしまう可能性があります。鏡を見れば，すぐに傷などの，あまり魅力的でない特徴に目が行ってしまうかもしれません。また，疲れや病気，調子のよくない部分が気になるかもしれません（これは，疲れや病気，痛みを無視すべきだという意味ではありません。そうではなく，自分の体に対する全般的な感じ方のことを話しているのです）。これらのことに気をつけなければ，体を概して否定的に感じるようになってしまいます。

体への好意を高めるためには，最低4日間，以下の練習をしてください。

　　　一日に少なくとも6回は，自分の体をじかに見るか鏡で見て，**よい**部分に好意をもって注目してください。前述した体の素晴らしさにも，ときどき注意を払ってください。体内の奇跡にも思いを馳せてみてください。皮膚や，感覚器，手，指，またはあなたが魅力的だと思う特徴について，ときどき考えてみてください。問題の**ない**部分に，好意をもって注目してください。

第16章
体への好意を
さらに強める

　この章で紹介する練習は，自尊心の啓発者として有名なジャック・キャンフィールド（Jack Canfield 1985）が考えたものであり，体を愛重する習慣を強化するのにきわめて有効な方法です。所要時間はおよそ30分です。邪魔の入らない静かな場所で，下記の文章を独りでゆっくり読むか，誰かにゆっくり読んでもらってください。一日1回ずつ4日間，この練習を最後まで行ってください。

体を愛重するための瞑想

　ようこそ。まずは心地よい楽な態勢をとりましょう。椅子に座って上半身を起こした姿勢をとるか，あるいは床やベッドに仰向けで横たわってください。少し時間をかけて，体を楽にしましょう。そして，自分の体を意識しましょう。あなたは体のさまざまな部分を伸ばしたいかもしれません……腕，脚，首，背中……こうすると体に対する意識が強まります。今度は，呼吸をより深く，長く，ゆっくりしてください……できれば，鼻から息を吸い込み，口から吐き出してください。長く，ゆっくり，リズミカルな呼吸を続けます。

　さあ，これからしばらくの間，体のことを考え，体に感謝しましょう。空気が肺に入り，出ていくのを感じてください。その空気があなたに生きるエネルギーを運んでくるのです。あなたが気にしていないときも，肺が呼吸を続けていることを意識してください……昼も夜も，寝ているときでさえも，空気を吸ったり吐いたりしています……酸素を吸い込み，新鮮できれいな空気を吸い込んで，老廃物を吐き出し，全身を清めて回復させます。絶え間なく空気が入っては，出ていきます……それはちょうど海の潮が満ちたり引いたりするのに似ています。そこで今，肺に向けて美しく明るい白い光と愛を送り，あなたが初めて産声をあげたときから，肺がずっとあなたのために存在しつづけていることを実感してください。私たちが何をしようとも，肺は一日中，呼吸を続けます。

　次は，横隔膜を意識してください。横隔膜は肺の下にある筋肉です。上がったり下がったりして，肺が呼吸をするのをいつも助けています……横隔膜に光と愛を送ってください。

　次に，心臓を意識しましょう。心臓を感じて，感謝してください。心臓は生きた奇跡です。絶え間なく動きつづけ，何の要求もしません。あなたに常に仕えつづける，疲れを知らない筋肉です……生きるための栄養を全身のあらゆる細胞に送っています。何と素晴らしく力強い臓器なのでしょう！来る日も来る日も，あなたの心臓は動いています。そこで，あなたの心臓が白い光と温もりに包まれる光景を想像し，「私はあなたを愛し，感謝しています」と声を出さずに心臓に語りかけてください。

　次に，あなたの心臓から送られる血液を意識してください。血液はあなたの体に命を運ぶ川です。

おびただしい数の血球……赤血球，白血球……抗凝血物質，抗体などが……血液の中を流れ，病気を撃退し，あなたに免疫力を与えたり回復をもたらしたりします……肺から体内の細胞すべてに酸素を運びます……下は爪先まで，上は髪の毛の中まで運んでいきます。血液が静脈と動脈の中を巡っているのを感じてください……そして，それらの静脈と動脈をすべて，白い光で包んでください。まるで細胞一つ一つに喜びや愛を運んでいるかのように，光が血流の中で踊っている光景を想像してください。

　今度は，胸と胸郭を意識してください。呼吸とともに上下に動くのが感じられるでしょう。胸郭は体内にある臓器を守っています……心臓と肺を守っています……安全に守っています。そこで，胸郭を構成している骨に愛と光を送りましょう。それから，胃と腸と腎臓，そして肝臓を意識してください。食べものを取り込み，消化して，あなたの体に栄養を供給する臓器すべてを意識します……血液のバランスを調整し，きれいにする臓器……腎臓と膀胱もそうです。首から腰までの全体が白い光に包まれ，満たされている光景を想像してください。

　次に，脚を意識してください……脚のおかげで，あなたは歩いたり，走ったり，踊ったり，跳んだりすることができます。脚があるからこそ，前へ進み，走り，興奮して息もつけない状態になれるのです。脚に感謝し，脚が白い光に包まれているのを感じましょう。そして，脚のすべての筋肉と骨が明るい白い光で満たされる光景を想像してください……それからあなたの脚に，「私はあなたを愛しているし，あなたがこれまでしてくれたことすべてに感謝しています」と言ってあげてください。次は，足首から爪先までを意識してください。この部分のおかげで，あなたはバランスを保ち，どこにでも行くことができるのです。高いところに登れたり，走れたり……いつもあなたを支えてくれています……だから，そのことに感謝してください。

　今度は，腕を意識してください。腕もまた驚異です。手もそうです。腕と手によってできることすべてを考えてみてください。書くことやキーボードを打つことができます……手を伸ばして，ものに触ることができます。ものを拾い上げ，それを使うことができます。食べものを口に運ぶことができます。いらないものを片付けることができます。かゆいところを掻いたり，ページをめくったり，料理をしたり，車を運転したり，誰かをマッサージしたり，くすぐったり，自分の身を守ったり，誰かを抱きしめたりできます。手を伸ばして，世界やほかの人たちと触れ合うことができます。そこで，腕と手が光に包まれている光景を想像して，愛を送ってください。

　ここで，体に対して感謝の気持ちを感じてください。毎日この体を使って自分の望む経験ができるし，成長し学ぶために必要な経験もできるのです。

　次に，脊椎(せきつい)を意識してください。脊椎はあなたをまっすぐ立たせてくれ……体全体の構造を支えてもいます……それに，脳から脊椎を通って全身へ伸びていく神経を守ってもいます。さあ，金色の光がゆっくりと脊椎をのぼっていく光景を想像してください。脊椎の根元の骨盤から……椎骨(ついこつ)を1本ずつのぼっていって，首までたどっていきます……ここが脊椎のてっぺんで，頭蓋骨とつながっています……金色の光を脳の中まで浮き上がらせてください。

　そして，首にある声帯を意識してください……声帯のおかげで，あなたは話したり，意見を聞いてもらったり，コミュニケーションをとったり，理解してもらったり，歌ったり，祈ったり，叫んだり，歓声を上げたりできます……気持ちを表現することや泣くこと，そして深い思いや夢を伝えることもできます。

　それから，左脳を意識してください。左脳は，分析したり，計算したり，問題を解決したり，未

来の計画を立てたり，予測したり，推論したり，演繹したり，帰納したりする部分です……こうした知性があなたに与えてくれるものに感謝してください……そして，金色と白の光が左脳全体を満たしている光景を想像してください……小さな星もキラキラ光っています。その白い光が左脳をきれいに清め，呼び覚まし，愛し，育てる光景を想像してください……今度はその光を，左脳から右脳への橋へと渡らせましょう……右脳のおかげで，あなたはものごとを感じたり，感情を抱いたり，直観したり，夢を見たりできます……空想にふけったり，イメージを思い浮かべたり，創作したり，高次の知恵と会話したりもできます……詩を書いたり，絵を描いたり……絵や音楽を鑑賞したりできるのも，右脳があるからです。右脳が白と金色の光に満たされる光景を想像してください。

　次に，光が神経を伝って目に下りていくのを感じてください……目がその光に満たされているのを想像し，感じましょう。そして，目が知覚させてくれる美に気づいてください。花や日没，美しい人々……目を通して楽しんでこられたすべてのものに思いを馳せましょう。

　次は，鼻を意識してください。鼻のおかげで，あなたは匂いを嗅いだり，息をしたり，味わったりすることができます……あなたの人生の中の，ありとあらゆる素晴らしい味と匂い……芳しい花の香りとあなたの大好物の匂い。

　今度は，耳を意識しましょう……耳のおかげで，音楽や風の音，打ち寄せる波の音，そして鳥のさえずりを聞くことができます……「あなたを愛しています」という言葉も聞こえます……また，議論をすることや，人の意見を聞くこと，意見の一致に達することもできるのです。

　では次に，頭から爪先まで，体のすべての部分が自分自身の愛と光に包まれ，満たされているのを感じてください……そしてしばらくの間，体に謝ってください。今まで体にしてきたことを……体に優しくしなかったときや，愛を込めていたわらなかったときのことを……体に耳を傾けなかったときのことを……食べものやアルコールや薬を摂取しすぎたときのことを……忙しすぎて食事や運動をしなかったときのことを……忙しすぎてマッサージをしなかったり，温かいお風呂に浸からなかったりしたときのことを……そして，体が抱きしめられたい，触れられたいと望んでいたのに，あなたがためらってしまったすべてのときのことを。

　もう一度，自分の体を感じてください……そして，自分自身が光に包まれている光景を想像してください……次に，その光を体から外へ向かって広げていきましょう……世界へと……外へと広げ，あなたの周りの空間を満たします。

　今度は，その光をゆっくりと自分の中へと戻していきましょう。とてもゆっくり，体の中へ，自分の中へと戻します……そして，光に満たされ，体への愛と感謝にあふれた，今ここにいるあなた自身を感じましょう。準備ができたら，おそらくあなたは伸びをして，意識と活力が体の中に戻ってきたことを感じはじめるでしょう……準備ができたら，ゆっくりと起き上がり，部屋の中にいることを意識しながら，目を開けましょう。意識を切り替えるのに，必要なだけの時間をかけましょう。

練習で効果が増大

　この瞑想はとても有効なものであり，たいていは練習することでその効果がさらに高まります。リラックスして練習をすると，有意義な感情や理解がわいてくるかもしれません。経験する感情はたいてい非常に快いものですが，そうではない場合もあります。例えば，ある女性はこの練習を初めて行って，特に脚に感謝しようとしたとき，泣きそうになりました。彼女は若い頃ダンサーを目

指していましたが，火事で両脚に大やけどを負ったのです。彼女は自分がまだその出来事に怒りを感じていて，そのとき以来，脚を憎みつづけてきたことに気づきました。そこで，怒りと自分の体に対する否定的な感情を解き放とうと決心し，次に練習したときは，この瞑想をとても楽しむことができました。ですから，練習を続けてください。効果は時間とともに増していくだろうと考えていてください。

第17章
自分への愛と好意を肯定する

　ここで，中核自己に目を向け直し，無条件の愛が心の健康や成長に必要だという前提を思い出しましょう。「無条件」という言葉は，たとえ「こんなふうでなければいいのに」と願うような欠点があったとしても，なお愛することを選ぶという意味です。

　例として，太りすぎの二人の例について考えてみましょう。ジェインは「私は太っている。私は自分のことが大嫌い」と考えています。メアリーは「私は自分が自分であることを，心より本当にうれしく思っている。もしこの脂肪をもう少し減らせたなら，もっと気分がよくなって，人生をよりいっそう楽しめるだろう」と考えています。ジェインとメアリーの感情のトーンの違いに注目してください。減量に向けた食事・運動計画を守れそうなのはどちらですか？　情緒不安定にならずに希望の体重に到達できそうなのはどちらですか？

　第6章の「現実を認識する：『それでもなお！』」の中で，次のような重要な考えを学びました。

1. 中核自己を非難することなく，不愉快な外的状況を認めることは可能です。
2. 自分のことが嫌いな人は，「……だから，……だ」（例えば，私は太っているから，自分のことが嫌いだ）という考え方をしがちですが，この考え方は自尊心を低下させます。
3. 「**それでもなお**」のスキルを使えば，不愉快な外的状況に対して，即座に現実的で明るい応答ができます。価値を外的要因とは切り離し，自己価値感を強化するのです。

　この章では次のような形の文章を使って，第6章で学んだ「それでもなお」のスキルを，第二の要素，無条件の愛に応用します。

たとえ _____ だとしても，それでもなお _____
（何らかの外的要因）　　　　　　　　　　　　　（何らかの愛の言葉または好意の言葉）

例　**たとえ**太りすぎだとしても，**それでもなお**私は自分を愛している。
　「それでもなお」に続けるその他の言葉を挙げてみます。
- 私は本当に自分自身を愛している。
- 私は自分であることを，内心で本当にうれしく思っている。
- 私は心の底では本当に自分を気に入っている。

もう一つのバリエーションは，確かに＿＿＿＿＿＿＿けれども，＿＿＿＿＿＿＿という形の文章です。例えば，**確かに私は今日よい結果が出せなかったけれども，私は自分を愛している**，という具合です。きっと，ほかにもあなたが気に入るような文章が思い浮かぶでしょう。

たとえ……だとしても，それでもなお……：練習

パートナーを選んでください。そして，真実だろうと嘘だろうと，頭に思い浮かんだ否定的な言葉を何でも言うように頼んでください。以下に例を挙げます。

- 私はあなたが大嫌い！
- あなたは負け犬だ！
- あなたは，とてもずぼらな人だ！
- なぜあなたはいつも大失敗をするの？

それぞれの批判に対して，ひとまずエゴをしまい込み，「たとえ……だとしても，それでもなお……」の言葉で中核自己への愛や好意を表しましょう。ここでもやはり，認知療法や，愛のある言葉のスキル（第12章）を多少は使わなければならないはずです。例えば，もし誰かに「負け犬」というラベルを貼られたとしたら，あなたは次のように応じることができます。「実際には，私は成功者ですが，ときどき負けることはあります。たとえ私がときどき負けたとしても，それでもなお……」。もしあなたがいつも大失敗をすると言われたとしたら，「たとえ大失敗するときがあっても，それでもなお……」と考えればよいのです。

自分に対する愛と好意：練習

1. これから六日間，自尊心を低下させる可能性のある出来事を毎日三つずつ選んでください（例えば，鏡を見たとき目の下にたるみがあることに気づいたとか，誰かから批判されたか悪口を言われたとか，よい結果が出せなかったとか，自分の愛している人が自分を愛していないことを思い出した，などです）。

2. それぞれの出来事に対して，愛や好意を表現するような「**たとえ……だとしても，それでもなお……**」の言葉を選んでください。そのうえで，下の表に出来事または状況と，使った言葉，そしてその言葉を選んで自分に語りかけた結果，感情にどんな影響があったかを記入します。記録を続けることで，スキルが強化されます。

3. この練習をすると，つらい出来事を無条件の愛とともに経験することができます。そのような愛は，**感情**として実感されるので，それぞれの言葉を感情を込めて言うようにしてください。あごを少し上げて，明るい表情を浮かべるとよいかもしれません。

愛が感情であることを思い出してください。また，愛というのは，どの瞬間にも自分自身の幸せを願う態度でもあります。さらに愛は日々行う決意でもあります。このように，意思と誓約こそが，自分を愛するための重要な鍵なのです。

日　付	出来事・状況	使った言葉	影　　響
1. 2. 3.			
1. 2. 3.			
1. 2. 3.			
1. 2. 3.			
1. 2. 3.			
1. 2. 3.			

第18章
愛の眼差しの瞑想

　これからする練習は，自分自身に喜びと好意を感じるための優れた方法です。
　まず，誰にも邪魔されずに，横になるか座ったまま10分ほどリラックスして過ごすことのできる静かな場所を見つけてください。
　場所と姿勢が決まったら，今，自分はとても信頼している愛情深い存在——親友，愛情深い家族の一員，神や想像上の存在——と一緒にいると想像してみましょう。その存在はあなたを現実的に，そして愛情をそそぎながら見ています。そこで，あなたもその存在の眼差し——愛の眼差し——を通して自分を見ることができると想像してみてください。好意を持てる部分はどこでしょうか？じっくり観察してみましょう。

- 体には，好ましい部分や魅力的な部分があるでしょうか？
- パーソナリティや性格の好ましい特性すべてに注目してみましょう。例えば，知性や，明るさ，洞察力，笑い，ユーモア，誠実さ，温和さ，趣味のよさ，そして忍耐力などです。
- 能力とスキルをすべて認識しましょう。
- 顔つき，表情，笑顔のような，純粋な身体的特質以外の外見に注目してみましょう。

愛と好意の眼差しを通して自分を見つめ，しばしその経験を楽しんでみましょう。

　そろそろ自分の体の中に戻りましょう。この愛情深い存在から受けている愛と好意の感情すべてを感じ，温かさや，幸せ，くつろぎ，安心感を味わいましょう。「私は愛すべき存在だ」と静かに自分に語りかけ，あなたの中に愛と好意の感情が育つのを感じましょう。

第19章
鏡に映った顔を好きになる

私にはどれだけの価値がある？

一部の人の答えを紹介しましょう。

- 私は1時間あたり12ドル50セントの価値があります。上司が私に支払ってくれる額です。
- 私には何の価値もありません。もし信じられないなら，私の父（配偶者，恋人など）に尋ねてください。
- 部隊の士気を高めるためにできること，それだけが私の価値です。

先に論じたように，個人の価値に有限の値段は付けられません。そんな値段を私たちは付けているでしょうか？ もし人を給料や保険，地位，才能，あるいは利用できる部分でしか見ないなら，答えはイエスです。ここでもう一度，自尊心の基本原則を書いておきましょう。どの人も，無限で，変わることのない，等しい価値を持っています。

あなたはゆっくり自分の目をのぞき込み，中核自己を見ようとしたことがありますか？ こうすると，自分自身を好きになることができます。いくらかの練習が必要かもしれませんが，このスキルは鏡に対するあなたの考え方を変えるでしょう。

ほかの人からのあなたに対する見方は，その人の自分自身に対する見方によって歪められているかもしれません。しかし，鏡はイメージを正確に映し出します。鏡で自分を見ると，外見，つまり服や髪，にきび，その他の外的な要因に目が行くかもしれません。しかし，以下の練習では，自分のことを違った目で，もしかしたらまったく新しい目で見ることになるでしょう。これは，本書の中で特に効果的な練習の一つです。この練習を教えてくれた，米軍の従軍牧師N・オールデン・ブラウン（N. Alden Brown）に謝意を表します。

鏡に映った自分：練習

1. これから4日間，一日に何度か鏡を見てみましょう。
2. 愛のある眼差しで，自分の目をのぞき込みましょう。真っ先に気づくのは，目の中や周りに緊張

が見て取れることかもしれません。そのようなときには，心から理解と愛情を込めて見てください。そしてその緊張の背後に何があるかを理解しようと努め，緊張が弱まるようにしましょう。愛をもって深くのぞき込むうちに，目や表情全体が変化していくのに気づくでしょう。

3．この練習を頻繁に繰り返しましょう。車のミラーなど，どんな鏡でもかまいません。

　この練習は簡単ですが核心をついていて，非常に健全なよい感情を次第に根づかせ，育んでいきます。自分の目をのぞき込み，中核自己が見えれば，外見や外的要因の重要度が適切なレベルに変化します（つまり，下がります）。あなたは鏡をのぞき込むのを恐れなくなり，むしろ待ち望み，楽しむようになっていることに気づくでしょう。なぜなら，あなたの目は無限の価値のあるもの，つまり中核を見つめるようになっていて，その目には愛が込められているからです。

第20章
愛に満ちた目で
自分を見る

　芸術的表現は，思考とは違った形で私たちに深く影響を与えることができます。ここで紹介する方法は，家族療法士のジョン・チルダーズが開発したもので，無条件の愛を感じるために芸術を活用します。芸術的表現の有効性は創作過程にあるのであって，出来のよし悪しではありません。

ステップ1：芸術家になるという経験を構築する

　人は誰しも，人格の中に芸術家の部分を持ち合わせています。この芸術家の部分は，身の回りの世界を斬新で素晴らしい絵にすることができます。とは言えその絵が木や，家や，人間をそれらしく見えなくてもかまいません。それは重要ではないのです。重要なのは，芸術家の自分を紙の上で自由に表現することです。あなたは数分後に，芸術家として素晴らしい絵を描くことになります。でも，今はただ，芸術家になることを想像しましょう。

ステップ2：知っている人で，自分を愛してくれている人を特定する

　あなたはこれから芸術家となって，自分を愛してくれているとわかっている（しかも大切にしてくれた）身の回りの人の絵を描きます。少しの間，身の回りの人たちについて考えを巡らせてください。例えば，祖父母などの親類や家族，同僚，教師，親友などです。そして自分を愛していることがわかっている，とても特別な人を一人，選んでください。

ステップ3：その人が特別なのはどのような特徴ゆえなのか，自分自身に説明する

　もうすぐ，あなたはこの特別な人の絵を描くことになりますが，その前に，この人をどのように描くか考えましょう。例えば，その人はどのような外見をしていますか？　背は高いですか？　ふつうですか？　低いですか？　髪は何色ですか？　目の色は？　瞳はきらきらしていますか？　笑顔を浮かべていますか？　両手をこちらに差し出していますか？　どのような声の持ち主ですか？　静

J・H・チルダーズ・ジュニア（1989, 204-209）から許可を得て転載。アメリカ・カウンセリング協会の書面による許可がない限り，再複製は認められていません。

かな声ですか？　大きな声ですか？　力強い声ですか？　優しい声ですか？　声を色にたとえられるとしたら，何色でしょう？　その人の気持ちをどのような方法で表現しますか？　その人があなたにとって特別なのはどのような特徴のためなのか，さらに考えてください。自分を愛してくれているその人について考えながら，自分自身の気持ちを意識してください。今，どのような気持ちですか？　愛に満ちた気持ちですか？　温かい気持ちでしょうか？　うれしいですか？　幸せですか？

ステップ4：自分を愛してくれている人の絵を描く

　それでは，自分の中の芸術家に，この特別な人――あなたを愛してくれている人――の絵を描かせましょう。その人にふさわしいと思う色のクレヨンやペンや鉛筆を選んで，ためらわずに今すぐ描きはじめてください。その人の声や気持ちも，色で表現してかまいません。あるいは，いくつかの言葉でその人を描写してもよいでしょう。時間をかけて，描く過程を楽しみましょう。描き上がったら，芸術家らしく，絵に題名を付けたくなるかもしれません。

ステップ5：この特別な人になり，
愛に満ちた目で自分を眺められると想像する

　今度は，自分自身がこの特別な人になったと想像してください。自分自身から抜け出して，あなたを愛しているこの人になるのです。そして，この特別な人になった自分が，どのようにあなたを見るか，考えてください。注意深く観察しましょう。

ステップ6：愛に満ちた目で見ながら，どこが愛され，何が見えるか，
説明して絵に描く

　自分を愛している人の目で見ると，自分を愛すべき人間として見ることになります。目に映った人間のどこを愛しているのか，自分自身に説明しましょう。その後も，あなたを愛している人の目で自分を見つづけてください。今度は，その目で見た自分自身の絵を描いてください。線を描き，色を塗るときも，愛に満ちた目で自分自身を見つづけます。色や言葉を使って，自分の外見，振る舞い，気持ちを表しましょう。写実的に描いても，抽象的に描いても，ただ色を点々と配置するだけでもかまいません。好きな方法を使ってください。

ステップ7：自分の体に意識を戻して，愛に満ちた気持ちを持ち帰る

　次に，ゆっくりと自分の中に帰っていきましょう。この自分の絵を見ると，自分自身が愛すべき人間として映ります。自分自身を愛すべき人間として眺めながら，心の中で，**私は愛すべき人間だ**と自分自身に語りかけましょう。そのとき，自分の中で，愛に満ちた温かい気持ちがふくらんでいくことに気づいてください。

第21章
心臓レベルで愛を感じる

　心を愛で満たすと，心身両面に非常によい効果があることが，最近のコンピューター技術の進歩によってわかってきました。今も昔も，作家はさまざまな感情が心の中でどのように感じられるかを描いてきました。たとえばマイナスの感情は，「心が沈んでいる」とか「心が打ち砕かれた」などと感じられるでしょう。一方，プラスの感情には，「心を打たれた」「心に愛があふれている」「心の優しい」「その瞬間が心に焼き付いた」「心温まる」「心からの感謝」といった言い回しが使われるかもしれません。

　この章で紹介するクイック・コヒーレンス・テクニックは，心臓レベルで愛を養うのに役立つスキルです。また，これは認知的な方略を補足する強力な手段でもあります。心臓の状態を変えると，その結果，思考と感情の安定に影響を与えるからです。心臓は，神経的，生化学的，生物物理学的（血圧），電磁的なメッセージを通じて，脳などの身体部位に情報を伝達します。実のところ，心臓から脳へのメッセージ送信は，脳から心臓へのメッセージ送信よりはるかに多いのです。心臓の状態を変えると多くの有益な変化が起きるのは，そのためでもあります。

　脈拍数は，心拍の平均速度を表しています（例えば1分あたり70回など）。これも心身の健康状態のかなり優れたバロメーターといえますが，さらに優れたバロメーターは，心臓が一拍ごとの速さをどれだけ上手に調節しているかということです。**心臓コヒーレンス**という言葉は，次ページの左側の図のように，心臓が速さをスムーズに，柔軟に，迅速に調節していることを意味しています。この波形は神経系内のバランスがうまくとれている状態を表しており，心身の安定と関連しています。これを右側の図と比べてみましょう。右の図の乱れた波形は，健康状態がそこなわれていることを示しています。

心臓コヒーレンスの説明および添付の図，そしてクイック・コヒーレンス・テクニックは，D. Childre and D. Rozman（2003, 2005）およびハートマス研究所から許可を得て，それぞれ改変，転載しました。同研究所は25年以上，心の回復力について研究を続けています。その研究と回復力の訓練について詳しく知りたい方は，heartmath.orgを参照してください。

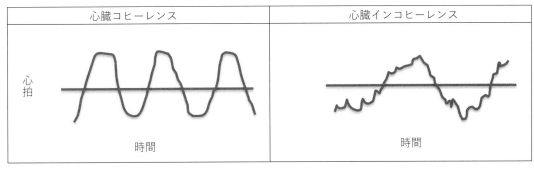

心臓コヒーレンスと心臓インコヒーレンス（Childre and Rozman 2003, 21 を，許可を得て改変）。水平の線は平均の脈拍数を示し，曲線は心拍の変動を示しています。

幸い，これから説明するスキルを練習すれば，たいてい数週間から数カ月で，心臓コヒーレンスを改善できます。このスキルでは，心臓の状態を変えるために，プラスの感情，特に愛を用います。究極的には，自分自身にも他者にも，より大きな愛をもって対応するのに役立ちます。

準備

居心地のよい，リラックスできる場所を見つけて，三つのリストを作成してください。

1. まず，あなたの最愛の人を挙げ，なぜその人を愛しているかを書いてください。少しの間，その人が自分をどのような気持ちにさせるのか，よく考えましょう。次に，大好きな人たちのリストを作ります。一緒にいると安心だとか，安全だとか，自分が大事にされているとか，尊重されているなどと感じる人たち，あるいは感じたことのある人たちです。家族，近所の人，教師，友達，あるいはペットでもよいでしょう。
2. 自分が愛されていて幸せだと感じた経験のリストを作ってください。例えば，大自然に抱かれていると感じたときや，愛情深い人たちと一緒に過ごしたときなどが思い浮かぶかもしれません。
3. 今度は，あなたが誰かに対して慈しみや，優しさ，敬意，思いやりの気持ちを抱いたときのリストを作りましょう。相手は家族や，手助けが必要な人だったかもしれません。あるいは，子どもを抱いて寝顔を見ていたときのことかもしれません。
4. このような記憶の中で，マイナスの感情が比較的弱いものを一つ選んでください。その記憶を，これから説明するクイック・コヒーレンス・テクニックで使います。何であれ，プラスの感情——感謝，畏敬の念，安らぎ，満足感など——を抱くと，心臓コヒーレンスにつながります。しかし，最も早く効果的に心臓コヒーレンスに至る道は，純粋で成熟した愛であり，これは自尊心の第二の要素と非常に関連が深いものです。可能であれば，クイック・コヒーレンス・テクニックを試すとき，愛の感情を活性化させて，心臓のあたりでそれを感じるように努めてください。無理であれば，最初はほかのプラスの感情を選び，いずれは愛を用いてこのスキルを試してください（もしプラスの感情を活性化させることが難しければ，心をニュートラルな状態にすることから始めてもかまいません）。

クイック・コヒーレンス・テクニック

　この基本的な心臓コヒーレンス・テクニックは，所要時間こそわずか1分ですが，効果は抜群です。体を楽にして静かに座り，意識を集中するためにしばらく呼吸に注意を向けましょう。そのうえで，以下の指示に従ってください（Childre and Rozman 2005, 44-45）。

1. **心臓に意識を集中して呼吸する**。心臓のあたりに意識を向けます。心臓か胸のあたりに空気が入ったり出たりしている光景を想像してください。普段より少しゆっくり深めに呼吸しましょう。
2. **プラスの感情を活性化させる**。例えば，身の回りの誰かまたは何かに対する感謝や気遣いなど，過去の感情を再現しようと誠実に努力してください。

　ステップ2についてですが，すでに述べたように，いかなるプラスの感情も心臓レベルでよい効果を与えます。しかし，心臓コヒーレンスに最も効果的なのは成熟した愛です。そのため，ステップ2の目標は，成熟した愛の感情を活性化させ，その感情を心臓のあたりで感じることです。この練習では，細部を思い出すことはあまり重要ではありません。その感情を活性化させ，心臓のあたりで感じることが重要なのです。

　このスキルを最低4日間，日に最低4回，練習しましょう。目が覚めたときと就寝前，そして日中に2回，行います。最初は，穏やかな気分のときに試してください。いずれは，一息入れる必要があるときや，一日のうちストレスを感じる場面で気持ちを和らげたいとき，行うとよいでしょう。経験したことを記録するため，次頁の表に記入してください。

日　付	出来事／状況	活性化させたプラスの感情	効　果
────── 1. 2. 3. 4.			
────── 1. 2. 3. 4.			
────── 1. 2. 3. 4.			
────── 1. 2. 3. 4.			

第22章
セルフ・コンパッション（自己への思いやり）とマインドフルな意識

> 自分自身を含む，すべての人間にコンパッション（思いやり）を感じられることは，健全な自尊心に不可欠な要素です。
>
> ——リサ・M・シャブ

　私たちはみな，つらい時期を経験するものです。あなたは問題に遭遇したとき，自分に対してどのように振る舞うことが多いですか？　そのようなときのことを，少し考えてみてください。誰にでも経験はあるはずです。例えば，過ちを犯したとき。目標を達成できなかったとき。うんざりするような性格の欠点や，体の一部分に気づいたとき。誰かに批判されたり，叱られたり，いじめられたり，ひどい扱いを受けたり，拒絶されたりしたとき。自分で招いたわけではない苦境に陥ったとき。そして，激しい口論をしたときなどです。

　このようなとき，あなたは自分に対して厳しい——自己批判的——ですか？　それとも優しいですか？　つらいとき自分にどう接するかをよりよく表しているのは，以下の左右どちらの欄ですか？　当てはまるほうにチェックを付けてください。

自分に厳しい（自己批判的）	自分に優しい
☐ 痛烈で，断定的で，非難がましい，軽蔑的な言葉を使う（例えば，「このバカ！ 何一つまともにできないのか？」など）。	☐ 自分をいたわり，励ます言葉を使う（例えば，「これは手強いぞ。努力を続けよう」など）。
☐ 自分の至らなさばかりに目を向ける（「自分は無力だ。負け犬だ」）。	☐ 自分のよい部分を忘れない。
☐ 自分の弱点や，完璧ではない部分すべてが許せない。	☐ 欠点や弱点を認め，自分を受け入れる。
☐ 自分自身を解決すべき問題と見なし，自分を正すことに注意を集中している。よく差恥心を覚え，せっかちに向上を求めることが多い（「もっとたくさん，もっと速く，もっと上手にやれ」）。	☐ 自分の欠点を許容し，欠点に対して寛大である。もっと幸せになることや，成長すること，向上することに注意を集中している。
☐ 自分の苦しみや痛みを無視する。	☐ 痛みを認め，立ち止まって自分を慰める。
☐ こんな思いをしているのは自分だけだと感じる。	☐ 苦しまない人はいないし，みな「自分は無力だ」と思い悩むことを，私は知っている。同じ思いを抱いている人は大勢いる。
☐ 恐れや怒りや罰によって，自分を奮い立たせようとする（完璧主義は恐れから起きる）。	☐ 自分を優しく奮い立たせる。
☐ 自分から，そして他者から自分への批評に傷つく。イメージを気にする（「人の期待にかなわなかったら，どうしよう？」）。	☐ 批評についてあまり気に病まない（「人によく思われなくても，大したことではない。努力した結果，成功しなかったとしても，世界が終わるわけではない」）。
☐ 自分自身を責める。	☐ 強い逆風のときもあることを理解しようとし，そのうえで最善を尽くす。

　自分自身に対してどちらの接し方をしたほうが，よい気分になるでしょうか？　どちらのほうが，やる気が出ますか？

あなたの自己批判度は？

　つらいとき自分がどう反応するかを考えたところで，今度は自己批判度のスケール上で自分がどのあたりに位置するか，評価してください。

問題が起きたとき，あなたはふつうどのような態度をとりますか？

第22章　セルフ・コンパッション（自己への思いやり）とマインドフルな意識

セルフ・コンパッション（自己への思いやり）とは何か？

　自分に対する優しい接し方は，セルフ・コンパッション（自己への思いやり）と呼ばれ，数々のメリットを持っています。セルフ・コンパッションの代表的研究者であるクリスティーン・ネフ博士は，コンパッション（compassion）は人と共に苦しむという意味だと説明しています（2011）。そうだとすれば，セルフ・コンパッション（self-compassion）を持つということは，つらいとき自分に優しく温かい気持ちを抱くということになります。つまり，「自分がされたいように人に接しなさい」という黄金律とは逆に，親しい友達や大切な人に接するかのように，自分に接するのです。セルフ・コンパッションがあれば，厳しい試練に遭ったとき，理解と優しさをもって苦痛に対処するようになります。

　ネフ（2011）によると，セルフ・コンパッションには三つの要素があるといいます。

1. **精神的苦痛に対するマインドフルな意識**。これは，自分の考えや感情や身体感覚を，冷静に，そして反応を示さず，やや超然とした状態で認識し，観察するという意味です。そのとき自分の中で起きていることにただ目を留め，空に浮かぶ雲を見るように，距離を置いて見つめます。感じることについて（善悪の）判断は下さず，そのとき感じていることをただ受け入れます。

   - 苦痛を無視したり避けたりするわけではありません。苦痛を癒したり和らげたりするには，苦痛を認識しなければならないからです。意外にも，マインドフルな意識は，苦痛を鎮め，それを乗り越えるのに役立ちます。

   - 自己批判的な考えが頭をもたげたら――よくあることですが――それに没入したり，信じ込んだりせず，ただ好奇心に満ちた受容の気持ちで目を留めます（「批判的な考えがあるな――これは単なる一つの考えだ」というふうに）。

   - 苦痛にとらわれることなく，一歩引いてそれを眺めると，精神と心が鎮まります。さらに重要なのは，マインドフルな意識と自己受容の姿勢の強化が，自尊心および幸福感の改善と関連しているということです（Pepping, O'Donovan, and Davis 2013）。

2. **人間性共有の感覚**。これは「私たちはみな同じ立場だ」ということ，つまり，どんな人も苦しみを味わうという考え方です。こう考えると，孤独感や孤立感が弱まります。誰もがみな，苦しまずに，幸せになり，愛し愛され，成功して成長したいと思っています。しかし，どの人も，ときには未熟さや弱さを感じたり，欠点を持っていたり，過ちを犯したり，ほしいものを得られなかったりします。このように理解していると，自分の苦しみを過大視しにくくなります。なぜなら，ほかの人も自分と同じくらい苦しんできたのだと認識するからです。誰だって，特別なわけではありません。人と違うわけでも，人より上であるわけでもありません。どの人も重要です。どの人の苦しみも重要です。

3. **自分に優しくし，自分を支えること**。これは，痛烈な批判をするのではなく，心の中で優しさや，温かい理解，辛抱強さ，深いいたわりをもって，苦痛に対処することです。自分を非難せず，まるで泣く子をあやすときのように，**どうすれば，温かさや，優しさ，励まし，そして癒しになるような思いやりを差し伸べられるのだろうか？**　と考えながら，自分を慰めるのです。

セルフ・コンパッションは，無条件の愛そして共感と密接に関係しています。「共感（empathy）」というのは，優しい理解をもって，誰かの痛みを自分の心に抱き込むことです。苦しんでいる人を抱きしめて，「あなたは一人じゃないよ。私が一緒にいるよ」と言うことです。痛みを忘れろと説いたりせずに，相手の話に耳を傾けます。忘れさせるのではなく，率直な心の交わりを通して痛みを和らげます。

セルフ・コンパッションは，自己改善の責任を回避してしまう自己憐憫とも，わがままとも違います。それどころか，セルフ・コンパッションがない人より，ある人のほうが，弱点を認め，建設的な目標に向かって粘り強く努力しようとします。健全な自尊心と同じく，セルフ・コンパッションもまた，より強い幸福感や精神的安定と関連していて，抑うつ，不安，羞恥心の少なさとも関連しています。

セルフ・コンパッションがある人は，「私たちはみな同じ立場だ」と考えているため，自分を人より上または下だと思うことがあまりありません。誰もが過ちを犯し，それによって苦しむことを理解しているので，ほかの人を許すケースが多く見られます。また，人に優しくし，支配しようとしない傾向もあります。

セルフ・コンパッションは，自尊心を損う痛烈な批判を鎮めてくれます。重要な点は，セルフ・コンパッションがあると，自分を含むすべての人を，大切でいたわるべき存在だと考えやすくなることです。

あなたが自己批判を学習してしまったとしても，それはまったく無理からぬことです。もしかしたら，痛烈な自己批判をしたり，虐待をしたり，冷淡だったりする養育者のメッセージを内在化してしまったのかもしれません。あるいは，自分に優しくすること，つまり温かい気持ちや，心を慰め，癒すメッセージを伝えることを，少しも学ばなかったのかもしれません。かわりに，以下のような言葉を耳にしながら大きくなった可能性があります（Schab 2013, 19 を改変）。

- おまえは力不足だ。
- 努力が足りない……もっとがんばれ。
- おまえには絶対無理だろう。
- おまえ，どうかしているんじゃないか？
- このバカ！　負け犬！
- 何一つまともにできないのか？
- どうしてお姉ちゃんのようになれないの？
- 役立たず。
- あんたなんか，愛していないよ。
- 悪い子ね。
- なぜそんなに怠け者なの？

自己批判は癖になることがあります。自己批判をすれば，自分や人から悪い評価を下されないし，余計に出すぎることなく，過ちを犯さずに済む，と考えてしまうのかもしれません。ネフ（2011）が説明しているように，自己批判は誤った優越感を与えることがあります（「少なくとも，私には自分がいかに力不足か理解できる賢さがあるし，過ちを犯した自分を罰する公正さがある」）。また，誤ったプライドを与えることもあります（「自分は優秀であるので，失敗は沽券にかかわる」）。それどころか，自己批判が一種の自衛手段になるとさえ思うかもしれません（「批判的な親の先回りをすることになるから，親に承認してもらえる」）。

しかし，長い目で見ると，自己批判はエネルギーを消耗させ，気分を落ち込ませます。自己批判は自分に対する精神的な攻撃です。物理的な攻撃と同じく，ストレス反応を活性化させ，これが時間と共に楽しみを奪い，エネルギーを枯渇させます。

自分を攻撃すると，やる気と自信がなくなります。自己批判と関連した苦しい感情は，自滅的な行動への衝動を生みます。ネフ（2011）の説明によると，恐れは，逃げて問題を回避する衝動を生むといいます。怒りは，攻撃，八つ当たり，そして他者への批判の衝動を生みます。羞恥心は，人から隠れ，欠点をごまかし，抱えている問題にその場しのぎの解決策を探す衝動を生みます。それに引き換え，セルフ・コンパッションは，自己受容と，成長する衝動を育みます。

要するに，セルフ・コンパッションは，自己批判よりはるかに効果的にやる気を高める手段なのです。心の健康と精神的平安と成長を効果的にもたらします。幸い，練習をすれば，自己批判をやめてセルフ・コンパッションを持てるようになります。

- 苦痛を押し殺したり無視したりすると，苦痛について考える時間がかえって**増えます**。私たちは逆にそうするのではなく，苦痛に対して温かい関心を十分に注ぐことを学ぶのです。その苦痛が存在し，それが正当で重要なものであることを認めます。
- 常に苦痛と対峙し，闘うのではなく，**受け入れます**。不思議なことに，苦痛への対処をこのように変えると，たいてい苦痛は和らぎます。まるで，泣く子を抱き，あやすようなものです。そのうち子どもは泣きやんで，再び遊びはじめます。

セルフ・コンパッションは，自分の苦しみに無条件の愛を注ぐことだと考えてもよいでしょう。以下の練習とこれ以降の三つの章は，まさにその手助けをします。

マインドフルな意識の練習

セルフ・コンパッションを育むために，まずはマインドフルな状態で観察する力を高めましょう。この練習はクリストファー・ペピン博士が開発したもので，自尊心を高めることがわかっています（Pepping, Davis, and O'Donovan 2016から許可を得て転載）。15分間，邪魔されずに座っていられる，居心地のよい静かな場所を見つけてください。そして，以下の文章を読みながら，あるいは録音した音声を聴きながら，指示に従ってください。

今から，15分間のマインドフルな瞑想にご案内します。この瞑想の目的は，必ずしも気分を瞑想前よりリラックスさせたり，鎮めたり，改善したりすることではありません。ただひとえに，マインドフルな状態を練習することなのです。では，少し時間をかけて，楽な体勢を探してください。背中がまっすぐに伸び，それでいて強（こわ）ばらないような体勢を動きながら探しましょう。両足はしっかり地面に付けます。眼鏡をかけている方は，外したほうがよいかもしれません。目を閉じたほうが心地よければ，そっと閉じてください。そうでない方は，床の上のどこか一点を見つめましょう。

　自分の体と椅子のすべての接点を感じながら，静けさの中に身を落ち着けます。まず，両足が地面の上にある感覚に注意を向けてください。足の裏が靴の中にある感覚にも注意を向けてください。この感覚をじっくり味わいます……次は，手の平の感覚に注意を向けます。そして，自分が触れているもの，あるいは触れているという感覚自体に注意を向けます。または，手の平が触れている空気の感触や，その空気の温度でもかまいません。注意と意識をすべて体のこの部分に集中させます。

　今度は，呼吸の感覚に注意を向けます。呼吸法を変えるのではありません。呼吸を深くしたり，遅くしたり，静かにしたりする必要はありません。ただ，今現在，あるがままの呼吸に注意を払います。この瞑想の間中，呼吸をいわば錨として使うことになります。ですから，心がさまよって，聞こえた音や浮かんだ考えについて考えたり反応したりしはじめたと気づいたら，そのたびに，繰り返し心の動きを呼吸に引き戻してください。つまり，注意を呼吸に向け直すのです。ですから，これからしばらくの間，ただ座って，息を吸い込む感覚と，吐き出す感覚に注意を向けましょう。あなたにとって，呼吸が最もはっきり，あるいは強く感じられる部分を意識してください。それはお腹かもしれませんし，胸や，鼻，のどかもしれません。ただ，すべての注意と意識をその部分に向けます。

　心がさまよいだしたと気づいたら，そのたびに注意を呼吸へそっと引き戻してください。もしかしたら，もう心がさまよいだしたことに気づいたかもしれません。でも，それは心の本来の働きなのです。例えば，あなたは瞑想について考えていることに気づいたかもしれません。自分は正しくできているだろうか，瞑想は役にたつのだろうか。瞑想でどれだけリラックスできるのだろうか，心が落ち着くのだろうか。どのような内容であれ，それが考えであることを認識してください。それは心に入り込んでくる精神的な出来事であって，放っておけば，同じくらい簡単に心から出ていき，さらに多くの考えと入れ替わります。もしかしたら，あなたは奇妙な考えや取り留めのない考えがあることに気づいたかもしれません。あるいは，今日これからの予定や明日の予定を立てているかもしれません。

　マインドフルな瞑想の目的は，考えを止めたり，押し殺したり，食い止めたり，追い出したりすることではありません。自分が考えているということを自覚し，そのうえで注意を呼吸に向け直すことが目的です。つまり，考えはバックグラウンドの話し声になるのです。たとえるなら，背景に流れるラジオのようなものです。考えはそこにあり，心はしゃべりつづけているけれども，あなたはそれに引き込まれません。

　ただ，自分の呼吸と，今，起きていることに注意を向けます。

　では，今の心のありかに注意を向けましょう。もし心を呼吸に引き戻す必要があれば，そっと引き戻してください。何を考えているかに注意を向けたとき，心がさまよっていたことに気

づいたら，それに対する反応にも注意を向けたくなるかもしれません。ひょっとすると，「こんな考えは持っていたくない」とか，「今こんな考えを抱いているべきではない」などという反応を示すかもしれません。もしあなたが心を静かに保つには難しいと思っているなら，「これではいけない」とか，「この練習は大変だ」などという反応を示すでしょう。そのような考えを，ただ考えとして見てください。あなたの心は，今，考えている事柄にコメントを発しているのです。それ以上でもそれ以下でもありません。その考えは必ずしも正しいとは限りません。信用すべきだとも限りません。それに基づいて行動すべきだとも限りません。考えには考えの仕事をさせておき，あなたに何を語りかけようとも，あなたは呼吸に注意を戻してください。

　さあ，息を吸い込んで，吐き出します……ただ，今この瞬間の呼吸を見つめます。今，この瞬間です。息を吸い込んで，吐き出します。移りゆく瞬間ごとに，起きているすべてのことを意識します。あなたの考えは，否応なしに，そこに存在するでしょう。それなら，存在させておけばよいのです。さあ，息を吸い込み，吐き出す体験に注意を戻します。そして，考えが来ては去るままにしておきます。自分の考えにテーマがあることに気づくかもしれません。「大変」で「つまらない」という考え。「予定」の考え。もしかしたら，自己批判的な考えや，人の期待どおりにできるかどうかという心配もあるかもしれません。考えのテーマに気づいたときは，これも単なる"考え"にすぎないということを思い出して，呼吸に注意を戻してください。

　そのほか，これまで座りつづけていることから起きる気持ちや感覚にも気づくかもしれません。座っていて，不快感やかゆみというテーマに気づくこともあるでしょう。これを，単なる感覚として感じられるでしょうか。**とても苦痛**だとか，**耐えがたい**とか，**手でかかずにはいられない**などという考えに気づくかもしれません。繰り返しますが，それが考えたことだからといって，それが事実であるとか，従わなければならないというわけではありません。ただ，ためらわずに，考えと感覚を感じてください。嫌がらずにそれを存在させておいてください。考えや感覚を意識の一部分に置いておき，それと同時に，呼吸に集中するのです。

　そして，心の反応を観察しましょう。もしかしたら，あなたの心はいらだっているかもしれません。もしかしたら，「かゆいところをかけ」とか，「体を動かせ」などと言っているかもしれません。実際に体を動かしたり，かいたりしようと決めたのなら，マインドフルな状態でそれを行ってください。その後は呼吸に注意を戻して，ものごとをあるがままに存在させておきましょう。息を吸い込み，吐き出してください。考えや感覚が意識の中に入っては出ていくままにしておきましょう。そして，呼吸に注意を集中させていてください。マインドフルな状態とは，今この瞬間に起きているすべてのことを意識することです。ただ，そのまま意識を存在させておきましょう。今，経験していることを，嫌がらずに経験しましょう。そのときも，息を吸い込み，吐き出していてください。

　今この瞬間に起きている，ありとあらゆることを意識してください。考えに没頭していることに気づいたら，心がどこに行ったのかに注意を向けましょう。そして，心を呼吸に戻します。バックグラウンドの話し声が小さくなることに気づくかもしれません。あるいは，小さくならないかもしれません。何が起きていようとも……呼吸に注意を戻しましょう。

　今度は，椅子に腰かけている体の感覚と，体と椅子の表面の接点すべてに注意と意識を向けてください。それから，両足が地面の上にある感覚に注意を向けましょう。足の裏が靴の中にある感覚にも注意を向けましょう。

次に，注意を手の平に向けてください。椅子に触れていても，体に触れていても，あるいはただ空気の温度しか感じられなくても……注意を手の平に向けましょう。そして，自分がいる部屋にそっと注意と意識を移します。心の準備ができたら，目を開けて，部屋に戻ってください。

今日の予定に急いで取りかかる前に，少しの間，今の気分に目を向けてください。体はどのように感じますか？　心は？　多くの場合，人は落ち着きと安らぎが増したことに気づくようです。闘ったり，逆らったり，ものごとを変えようとしたり，批評したりせずに，存在するものをただ受け入れると，安らぐというのです。気づいた事柄が安らぎを与えるものであろうとなかろうと，ただ好奇心と，批評を交えない興味をもって，それに注意を向けてください。これこそ，マインドフルな意識の本質です。

これから4日間にわたり，一日に最低1回はこの練習を行ってください。優しさと好奇心を抱き，批評をせずに，気づいたものすべてと共にいるように努めましょう。何を考え，何を感じてもかまいません。起きることすべてと共に，反応を示さずにいてください。優しい受容のみを示しましょう。

第23章
セルフ・コンパッションをもって苦痛に対処する

奇妙な逆説だが，私は，私自身をありのままに受け入れたとき変われるのである。

――カール・ロジャース

　コンパッション（思いやり）はときに，穏やかな親切さ，愛に満ちた優しさ，深い気遣い，純粋な心配，共感などと呼ばれることがあります。この章は，まず他者へのコンパッション，次に自分自身へのコンパッションを育む手助けをします。

　以下の練習はシャブ（2013, 133-137）に改変を加えたものです。試してみてください。

コンパッションの種をまく：アクティビティ

　以下のような人または動物のそれぞれに対して，あなたが感じる心配または共感の度合いを，1（低）から10（高）までの点数で示してください。そのうえで，その状況に対するあなたの反応に最もよく当てはまる感情を，一つでも複数でも書き込んでください。自分の言葉で書いても，下記のリストから選んでもかまいません。

　　苦痛　　　　　　　　　　　　　　無力感

　　悲しみ　　　　　　　　　　　　　怒り

1. 親を亡くした友達

心配／共感：＿＿＿＿＿＿　　感情：＿＿＿＿＿＿＿＿＿＿＿＿＿＿＿＿＿＿＿＿＿＿＿

2. 死に瀕している親友

心配／共感：＿＿＿＿＿＿　　感情：＿＿＿＿＿＿＿＿＿＿＿＿＿＿＿＿＿＿＿＿＿＿＿

3. 雨の中，足を引きずりながら通りを歩いている子犬

心配／共感：＿＿＿＿＿＿　　感情：＿＿＿＿＿＿＿＿＿＿＿＿＿＿＿＿＿＿＿＿＿＿＿

4. ニュースで報じられた，ハリケーンですべてを失った人

心配／共感：_____　　感情：_____

5. 不治の病に冒されている子ども

心配／共感：_____　　感情：_____

6. 松葉杖を使って歩いている，障害のある子ども

心配／共感：_____　　感情：_____

7. 老いつつある自分の親または祖父母

心配／共感：_____　　感情：_____

8. 家族の一人から辛辣に非難されたもう一人の家族

心配／共感：_____　　感情：_____

9. 目が見えない子猫

心配／共感：_____　　感情：_____

10. 路上にいるホームレスの人

心配／共感：_____　　感情：_____

11. 車が故障し，道路脇で立ち往生している人

心配／共感：_____　　感情：_____

12. 子どもを自動車事故で亡くした友達

心配／共感：_____　　感情：_____

13. 子どもを自殺で亡くした家族

心配／共感：_____　　感情：_____

コンパッションを込めて話すとき，自分が使う可能性のある言葉にチェックを入れてください。

☐ 「こんなことになってしまって，残念だ」

☐ 「どうすれば力になれる？」

☐ 「大丈夫？」

☐ 「私に何ができるか言って」

☐ 「役に立ちたいの」

☐ 「何とかなるよ」

☐ 「乗り越えられるように手を貸すよ」

☐ 「あなたのことを考えています」

☐ 「きっといい方向に行くよ」

☐ 「このことを話してくれてうれしい」

☐ その他：＿＿＿＿＿＿＿＿＿＿＿＿＿＿＿＿＿＿＿＿＿＿＿＿＿＿＿＿＿＿＿

あなたが抵抗なしにできるコンパッションのある行為を〇で囲んでください。

話を聞く	抱きしめる
エネルギーを割く	注意を払う
時間を割く	精神的に支える
金銭的に支える	愛情を込めて肩や腕を軽く叩く

その他：＿＿＿＿＿＿＿＿＿＿＿＿＿＿＿＿＿＿＿＿＿＿＿＿＿＿＿＿＿＿＿

　上記（1～13）の状況から二つを選び，その人または動物に対して，どのようにコンパッションを込めて接するか，書いてください。

番号 ＿＿＿＿＿＿＿

かける言葉：＿＿＿＿＿＿＿＿＿＿＿＿＿＿＿＿＿＿＿＿＿＿＿＿＿＿＿＿＿＿

とる行動：＿＿＿＿＿＿＿＿＿＿＿＿＿＿＿＿＿＿＿＿＿＿＿＿＿＿＿＿＿＿＿

番号 ＿＿＿＿＿＿＿

かける言葉：＿＿＿＿＿＿＿＿＿＿＿＿＿＿＿＿＿＿＿＿＿＿＿＿＿＿＿＿＿＿

とる行動：＿＿＿＿＿＿＿＿＿＿＿＿＿＿＿＿＿＿＿＿＿＿＿＿＿＿＿＿＿＿＿

次は，こちらをやってみてください

自分自身にコンパッションを込めて接することに，どのような考えと感情を持っていますか？

_____

_____

_____

　自分にコンパッションを向けることに慣れていなくても，人にコンパッションを込めて接する方法がわかるなら，自分への接し方もわかるはずです。上記のコンパッションのある言葉と行為について考え，以下の状況で自分にコンパッションを示すにはどうすればよいか，書いてください。

大変な一日を過ごしたとき

コンパッションのある言葉：_____

コンパッションのある行為：_____

上司の期待に応えられなかったとき

コンパッションのある言葉：_____

コンパッションのある行為：_____

自分の期待に応えられなかったとき

コンパッションのある言葉：_____

コンパッションのある行為：_____

自分のとった行動が，誰かを怒らせたとき

コンパッションのある言葉：_____

コンパッションのある行為：_____

大きな過ちを犯したとき

コンパッションのある言葉：_____

コンパッションのある行為：_____

誰かに批判されたとき

コンパッションのある言葉：＿＿＿＿＿＿＿＿＿＿＿＿＿＿＿＿＿＿＿＿＿＿＿

コンパッションのある行為：＿＿＿＿＿＿＿＿＿＿＿＿＿＿＿＿＿＿＿＿＿＿＿

　以下のスキルは，クリスティーン・ネフ博士の優れたウェブサイト http://www.self-compassion.org に，許可を得たうえで改変を加えたものです。心の痛みを感じているとき，それがいかなるつらい状況であれ，非常に効果のあるスキルです。動揺したときや，悲しいとき，自己批判的なとき，傷ついたときに，試してください（初めは，あまり苦痛が強くないときに試してください。慣れてきたら，もっと苦痛が強いときに試してもかまいません）。

基本の，セルフ・コンパッションの瞑想

　つらい感情や感覚を一つ残らず真正面から感じましょう。「何を感じても，かまわないんだ。感じよう」という言葉を忘れないでください。両手を軽く心臓に当てましょう。手に伝わる温かさと，規則的な胸の上下動を感じてください。心臓のあたりをさするか，なでてもよいでしょう。息を吸うとき，自分の苦しみを和らげる愛情と優しさを思い浮かべながら，コンパッションを吸い込みます。そして，優しい受容の気持ちと共に，以下の四つの文章を心の中で，または小さな声で繰り返してください。最初の文章がマインドフルな意識，2番目が人間性の共有，残る二つが優しさに関する文章であることに注意してください。

1. 今は苦しいときだ。

2. 人生に苦しみは付きものだ。

3. 今この瞬間に，自分に優しくできますように。

4. 必要なコンパッションを，自分自身に与えられますように。

　呼吸するたびに，優しい理解が心を満たし，体を癒すのを感じましょう。
　4つの文章を何度か唱え終わったら，先ほどよりも苦痛がいくらか軽くなったかどうか，意識してみましょう。

この四つの文章を暗記して，つらいときはいつでも使ってください。お望みなら，以下の表にあるような，別の言葉を試してもよいでしょう。

マインドフルな意識	人間性の共有	優しさ
この状況はつらい。 今，本当に厳しい状況だ。 今のこの気持ちは苦痛だ。 確かに，痛みがある。 これは自分にとって試練だ。 これはきつい。自分にはいたわりが必要だ。	私たちはみな苦しむものだ。 人間であれば苦しみから逃れられない。 苦しまない人はいない。 このように感じるのは，当然のことだ。 自分が今している経験は，ほかの多くの人がしてきたことだ。	この痛みと一緒に，いたわりも持っていられますように。 できる限り，優しくいられますように。 寛大でいられますように。 あなたが苦しんでいて，とても気の毒だ。 こんなに苦しいのだから，思いやりや慰めを受けてもいい。 「和らげ，慰め，許そう」* 「私は苦しみを抱えている，価値ある人間だ」* 「自分に対して優しく寛大でいられますように」*

＊それぞれ，Neff 2011, 114, 49, 119 より。

つらいとき：アクティビティ

　四つの文章を書き，一日を通してそれを使ってください。一つはマインドフルな意識の文章，一つは人間性の共有の文章，あとの二つは優しさをもって痛みに対処するための文章です。すべて暗記してください。覚えたら，一日のうち，つらかった三つの場面で，4日間連続で使いましょう。実践した結果，考えや感情や身体感覚にどのような影響があったか，記録してください。

文章1．（マインドフルな意識）：＿＿＿＿＿＿＿＿＿＿＿＿＿＿＿＿＿＿＿＿＿＿＿

文章2．（人間性の共有）：＿＿＿＿＿＿＿＿＿＿＿＿＿＿＿＿＿＿＿＿＿＿＿＿＿

文章3．（優しさ）：＿＿＿＿＿＿＿＿＿＿＿＿＿＿＿＿＿＿＿＿＿＿＿＿＿＿＿＿

文章4．（優しさ）：＿＿＿＿＿＿＿＿＿＿＿＿＿＿＿＿＿＿＿＿＿＿＿＿＿＿＿＿

日にち	つらかった場面	考え, 感情, 身体感覚に対する影響
1日目 1. 2. 3.		
2日目 1. 2. 3.		
3日目 1. 2. 3.		
4日目 1. 2. 3.		

第24章
セルフ・コンパッションを身体レベルで感じる

　否定的な感情をどこで感じるか，注意を向けてみたことがありますか？　人はたいてい，頭ではなく体で感じると言います。多くの場合，否定的な思考を変えると，否定的な感情を弱めることができます。しかし，否定的な思考を直そうとするより，体の苦痛を鎮めるほうがいっそう効果的だという人も少なくありません。すでに学んだように，否定的な思考と感情を抑えたり，避けたり，なくしたりしようとすると，かえってその思考と感情を強く意識するようになります。この章で紹介するやり方は，痛みを**認め**，痛みに対する私たちの対応のみを変えます。新たな**対応**は，身体レベルでの，批評を交えないセルフ・コンパッションを持つことです。

セルフ・コンパッションと，愛に満ちた優しさ

　「和らげ，鎮め，許す瞑想」の所要時間は約15分です。

1. 静かな場所で楽な姿勢で座るか，ひとりで散歩に出かけてください。
2. 立ち止まって，呼吸に意識を向けてください。息を吸い込み，吐き出すとき，胸の上下動や，空気の出入りなど，ありとあらゆる感覚に注意を払ってください。心を空っぽにし，安らかで穏やかな静寂のひとときを味わいながら，そのまま呼吸を意識しつづけましょう。
3. 自尊心が傷ついたり，苦しい感情──例えば，羞恥心，心の痛み，心配，孤独，罪悪感，恐れ，拒絶──を味わったりした，つらい場面を一つ選んでください。
4. その苦しみを思い出しながら，苦しみの原因と，結果として生じた感情を認識しましょう。もしかしたら，あなたが感じたのは恐怖または落胆かもしれません。あるいは，自分が無力だとか，無価値などと感じたかもしれません。あるいは，怒りや孤独を感じたのかもしれません。出来事の経緯に気を取られすぎずに，ただ，その感情を認識して名前を付けてください。よいものだとか悪いものだなどと批評せずに，その感情を認識します。どのような感情を抱いても，かまいません。
5. 今，最も不快なのはどの感情ですか？　優しい受容の気持ちで，抵抗せずに，体のどこがその

この章は，クリスティーン・ネフのウェブサイト http://www.self-compassion.org に，許可を得たうえで改変を加えたものです。「和らげ，鎮め，許す瞑想」は，マインドフルなセルフ・コンパッション・プログラム http://www.Center-forMSC.org に基づいており，クリス・ジャーマー博士と共同で開発されました。ステップ12の愛に満ちた優しさの意思は，「セルフ・コンパッション／愛に満ちた優しさの瞑想」に基づいています。

最も不快な感情を感じるか，注意してください。例えば，頭や，肩，のどが締め付けられるように感じたり，額や目の筋肉が緊張していたり，心臓に重苦しさを感じたり，胃がむかついたり，感覚が麻痺したように感じたりするかもしれません。そうだとしたら，その感覚を，「麻痺している」「締め付けられる」「冷たい」「熱い」「じんじんする」などの言葉で描写できるかどうか考えてみてください。

6. 厳しい自己批判を行うと――つまり，期待に応えられなかったと自分を責めたり，完璧を求めたりすると――苦痛が強まるかどうか，温かい好奇心をもって認識してみてください。批評することなく，ただ認識するのです。厳しい批判にも，優しい意識で向き合いましょう。内なる厳しい批判者に，「力になろうとしてくれてありがとう」とお礼を述べてもかまいません。不快感のある部分を柔らかくほぐしていきましょう。ただ静かに，落ち着いて，不快感と共にいてください。

7. 苦痛が鎮まり，楽になるように，思いやりを込めて，片手をその部分にそっと当てましょう。安心させるように小さく円を描きながら，軽く叩いたり，なでたり，さすったりしてもよいでしょう。いたわり，優しさ，愛，慰めといったものを与えられる方法なら，何でもかまいません。物理的に触れられない場合は，苦痛を鎮めるように手がその部分を触れる光景を想像しましょう。あるいは，温かくハグしたり，ぎゅっと抱きしめたりする場面を想像してもかまいません。そのまま不快感を存在させておきましょう。それと闘ったり，無理やり追い払ったりしないでください。今，あなたは安全なのです。

8. 顔に，柔和で優しい，愛に満ちた微笑みを浮かべてください。自分の痛みを眺めるとき，親が愛情を込めて子どもの寝顔を見つめる様子を思い浮かべてください。

9. 息を吸い込むたびに，苦痛を鎮めるコンパッションを，体のその部分に吸い込んでください。息を吐き出すたびに，緊張を吐き出してください。

10. 自分が何か考えている――心がさまよったり，批評したり，心配したり，批判したりしている――ことに気づいたら，そのたびに体のその部分にそっと注意を連れ戻して，その部分に息を吸い込み，その部分から息を吐き出しましょう。その際，「和らげ，鎮め，許す」という言葉を繰り返しましょう。これによって何が変化するかを意識してください。もしかしたら緊張が和らいだり，徐々に消えていったり，一瞬でなくなったりするかもしれません。何が起きようとも，あるいは起きなくとも，好奇心に満ちた興味をもって，観察しつづけてください。

11. 苦痛を抱え込んだ部分への意識を弱めて，意識を全身へ移します。つまり，呼吸，動作，ありとあらゆる感覚，自分が今，味わっている苦しみへのいたわりの気持ちを意識するのです。私たちはみな不完全であること，人生は不完全であることを思い出してください。これをすべて素直に受け入れれば，苦しみに直面しても幸せでいられます。

12. 最後に，コンパッションを持つという意思を強めます。両手を心臓に当て，次の文章を復唱してください。

- 安全でいられますように。
- 心安らかでいられますように。
- 自分自身に優しくいられますように。
- ありのままの自分を受け入れられますように。

復唱しながら，自分自身に優しさとコンパッションを注いでください。落ち込んでいる親しい友達を優しく支えるのと同じ要領です。心臓に当てた手を意識します。深呼吸を何度かしましょう。コンパッションを受けるのはどのような気持ちか，味わってください。温かい気持ち，優しい気持ち，勇敢な気持ち，安らかな気持ち，あるいは本当の自分に戻った気持ちかもしれません。快い気持ちも，人間誰もが経験するものです。私たちはみな同じ立場だということを思い出してください。自分に親切にする経験を味わってください。心がさまよいだしたら，もう一度，上の四つの言葉を思い出しましょう。

13. 心の準備ができたら，「よい友達として支えてくれてありがとう」と自分自身にお礼を言います。伸びをしたら，日常に戻ってください。

　この瞑想は，考えすぎたり，出来事に圧倒されたりせずに，試練に対処する非常に効果的な方法になり得ます。ステップ12の言葉は，愛に満ちた優しさの意思です。このような言葉を練習すると，セルフ・コンパッションの強化（Davidson 2007），自己受容と肯定的な感情（Fredrickson et al. 2008），自己批判の軽減（Shahar et al. 2015）など，さまざまな精神的，身体的メリットがあることがわかっています。

この瞑想を4日間，少なくとも一日1回，練習しましょう。経過をたどるため，以下の表に記入してください。

日にち	時間帯	体への影響	感情への影響
1			
2			
3			
4			

　備考：愛に満ちた優しさの意思を他者に向ける練習をすると，他者に関する肯定的感情が強まることが，研究（Hutcherson, Seppala, and Gross 2008）でわかっています。他者へのコンパッションを強めるためには，「あなたが安全でいられますように。あなたが心安らかでいられますように。あなたが自分自身に優しくいられますように。あなたがありのままの自分を受け入れられますように」と唱えながら，この瞑想を繰り返してください。

第25章
コンパッションに満ちた ジャーナリング

> 自分自身の心の傷が，自分の本質を探る手段になることがある。心の奥底の特質を教えてくれるからである。ただし，そのためには，ためらったり非難したりせずに，傷と向き合い，自分自身をその痛みにさらさなければならない。
>
> ──ウェイン・ミュラー《聖職者，セラピスト》

　第22章で述べたように，誰もがみな苦しみを経験します。子ども時代や成人後のつらい記憶は，大部分の人が持っています。テキサス大学オースティン校の心理学教授，ジェイムズ・ペネベイカー博士は，つらい経験や，トラウマなどの精神的動揺について，ジャーナリングを行うこと《書き綴ること》に関する研究を主導しました。強烈な否定的感情を無視したり抱え込んでおいたりすることは健全ではなく，つらい経験について書くと有益である，というのが博士の推論です。博士は，ホロコーストの生存者や，戦闘経験者，自殺か自動車事故で配偶者を喪った人，自然災害や離婚や虐待や解雇を乗り越えた人，そして「ふつうの」大学生など，数多くの集団に最もつらい経験について書くよう依頼しました。依頼された人たちは概して一日20分，4日間にわたって書くことに取り組み，自分の経験に関して心の奥底にある考えや感情を表出しました。

　1980年代以降，300以上の研究がペネベイカー博士の推論を裏づけました。身体面では，ジャーナリングを行う人のほうが睡眠の質がよく，苦痛が弱く，病気が少ないことが認められます。心理面では，より安定していて幸福度が高く，抑うつ，不安，怒り，羞恥心，心配の程度が低めです。ジャーナリングは，思考能力と仕事の能率まで向上させます。

ジャーナリングはなぜ有益なのか？

　苦しい記憶について考えないように努めると，多大なエネルギーを消費するうえ，苦痛は変わらずに残ります。逆説的ですが，苦痛に丁寧に注意を払うと，苦痛を鎮め，和らげて，それを乗り越えるのに役立ちます。

　安全な方法で一定のペースで書き綴ると，混乱が落ち着いてきます。つらいときでも，書き綴ることによって，自分のあらゆる部分──どのような人間か──を知り，それを尊重できるようにな

この章はジェイムズ・W・ペネベイカー博士（1997）と，ペネベイカーおよびジョン・F・エヴァンズ（2014）の研究を要約したものです。書くことで心情を吐露するためのガイドラインと指示，そして支持する研究の概要は，許可を得たうえで改変を加えてあります。

ります。自分自身と自分の抱えている問題を，よりよく理解できるようになります。また，癒しとなるコンパッションが心の傷にもたらされ，自分は大丈夫だと再び感じられるようになります。

　苦痛を丁寧に扱えば，苦痛の中にも，それより奥の部分にも，自己価値があることがさらにはっきりわかるでしょう。苦痛を避けるのではなく，直視すれば，いくつかの発見があるはずです。

- ずっと隠してきた秘密を明かしたことによる安堵感
- 試練を乗り越え，おそらく自分と他者をさらなるダメージからも守った，さまざまな強み
- 回復力と，「最もつらいときを乗り越えたのだから，今だって何とかなる」という自信
- その出来事を解釈して，より安らかに受容するさまざまな方法
- 厳しい批評や自己批判ではなく，コンパッションをもって自分に対応する機会
- 自分の価値と，真の自己に対する信頼と，未来への希望を再確認する機会
- 残されているもの（例えば，友達，能力，感覚，食べもの，教養，チャンス，美）に対する感謝
- 人生のよりよい面に注意を向け直す方法
- 成長して，人生に新たな意味をもたらす方法

ジャーナリングは，どのような人に効果があるのか？

　ジャーナリングは，性別や住む国を問わず，ほぼすべての人に効果があります。なぜなら，トラウマに関する秘密を抱えていると，特に内科的，精神的問題が起こりやすいと思われるからです。男性や，怒りを抱えている人，または自分の感情に気づいていない人には，とりわけ効果があります。

　ジャーナリングはあらゆるトラウマと逆境に有効ですが，その出来事が予想外で，好ましくなく，話しにくい場合，特に効果があります。もしあなたがいまだに過去に悩まされ，そのことをよく考えてしまい，考えないように相当なエネルギーを使っているのなら，ジャーナリングを試すと効果的でしょう。人に打ち明けたいにもかかわらず，一度も打ち明けたことがなかった人ほど，特に大きな効果があるようです。

ガイドラインと注意事項

- 書くための決まった手順を確立するとよいでしょう。毎日，同じ時間に書き，その後，考える時間を設けるのです。理想的な時間は，週末や，休暇中，あるいは一日の終わりです。場所は，自室や図書館，カフェ，公園など，居心地がよく，安全で，プライベートな環境を選びます。条件が理想的ではなくても，まったく書かないよりは書いたほうがましです。ノートでも日記帳でも紙切れ一枚でも，好きなものを使ってください。
- 書ける気分になるまでは書かないでください。衝撃的な出来事について書く場合は，精神的に落ち着くため，その発生から数週間ほど待つのが最善でしょう。

- 当然のことですが，つらい経験について書くと，気分が一時的に沈むかもしれません。特に最初の一日か二日は悲しみや落ち込みを感じる可能性があります。これはふつうのことです。このような気分が持続するのはたいてい数分で，ときには数時間に及びますが，一日または二日にわたることはめったにありません。その気分は，悲しい映画を観た後に似ているかもしれません。書きながら泣く人や，過去の出来事にまつわる夢を見る人もいます。しかし，その後はほとんどの人が，長くて半年ほど安堵感と満足感を覚えます。たいていは，過去がよりよく理解できるようになり，そのことを考えることがもう苦痛ではなくなったと言います。
- 書いたら正気を失いそうだと感じたら，無理をせず，別の話題について書くか，書くこと自体をやめてください。最低4日にわたって書いた後も気分がすっきりしなければ，トラウマを専門とする精神保健の専門家に助けを求めることを検討しましょう（トラウマの専門家を探すには「お薦めの情報源」を参考にしてください）。ペネベイカーによると，彼の研究の被験者数千人のうち，自分をコントロールできなくなった人は皆無だったといいます。心理士に相談に行ったのは3人だけで，全員，書き綴る研究への参加を続けることを望みました。
- 毎回，書いた後に，心の奥底の考えや気持ちをどれだけ表出したか，そして今どのような気分かに注意を払ってください。その日のジャーナリングがどれだけ有意義だったか考えましょう。4日間にわたって，自分の気分または理解に何らかの変化が起きたかどうか，注意してください。

　これから紹介する4日間の書く練習は，最も厳格な検証を経たものです。その先を読む前に，まずは4日間，試してください。それが終わったら，後で紹介する追加的な取り組みを試してもよいでしょう。

基本の4日間ジャーナリング：練習

1. 最低でも20分は邪魔の入らない，静かな場所を見つけてください。例えば，部屋の隅にあるテーブルなど，これといった特徴のない場所が適しています。
2. あなたを最も悩ませている問題を約20分間，書きつづけてください。毎晩の眠りを妨げている問題，くよくよ考えてしまう問題，避けようとしている問題などです。理想としては，ほかの人と詳しく話したことのない問題がよいでしょう。文法や綴りや句読点のことは気にしないでください。
3. その出来事を明確に描写してください。その前には何が起きていたでしょうか？　出来事の最中と後には何が起きましたか？　主要登場人物は誰ですか？　その人たちは何をして，何を感じ，何を考えていたでしょうか？　あなたは何をして，何を考え，何を感じていましたか？　その経験はあなたにどのような影響を与えましたか？　ほかの人にはどのような影響を与えましたか？　その経験に関する，心の根底にある考えを書きましょう。そして，特に書いてほしいのが，心の根底にある感情です。他人行儀で，知的な書き方をするのではなく，個人的に，感じたままを書いてください。どのような感情にも名前を付けて，受け入れましょう（「何を感じても，かまわないんだ」ということを思い出してください）。この出来事が自分の子ども時代と

どのように関連しているか，探ってもよいでしょう。家族や友達や恋人など，重要な人との関係とは，どのように関連していますか？ 仕事とは？ 目指す生き方とは？ あるいは，その出来事を過去の自分，現在の自分，将来なりたい自分と関連付けてもよいでしょう。その出来事は自分に対する他者の見方を変えましたか？ 自分自身の見方を変えましたか？ まずは特に大きな不明点を書くことから始めてもかまいません。4日間のうちに，こういった部分の多くが，さらに明らかになってくるでしょう。

4. 4日とも同じ出来事について書いてもかまいません。多くの人が4日間のうちに理解が深まり，決まりが付いたように感じます。しかし，ほかの話題に移ってもかまいません。トラウマは表にしみ出して，夫婦間の問題など，人生の別領域に影響を及ぼす場合があります。感情面で重要である限り，どんな問題でも安心して取り上げてください。自分が書いている話題がどうでもよいことだと気づいたら，つらい出来事に戻りましょう。その出来事について書くことに飽き，幕引きができたように思えたら，ほかの問題に移りましょう。自分が避けているあらゆる話題を候補にしてください。

5. 自分しか読まないつもりで書いてください。誰かが読むのではないかと心配していると，本音を書かない可能性があります。誰かに見られる不安があるなら，書いたものを隠すか，破棄しましょう。

6. 可能であれば，4日間連続で書くようにしてください。何日か空けてもかまいませんが，書く練習を終えるのは早ければ早いほどよいのです。必要であれば，もっと自分に合うように書き方を変えるのもよいでしょう（例えば，1週間に1回ずつ，4週間にわたって書く）。

7. 4日間，少なくとも20分ずつ書いてください。書くことによって，考えるべきほかの問題が見つかったら，書く日を延長してもかまいません。

8. 毎日，同じ話題について書き，文面にほとんど変化がなかったり，気持ちがほとんど楽にならなかったりしたら，書くこと自体，あるいは少なくともその話題は中断したほうがよいかもしれません。

9. ある話題にあまりにも心をかき乱されるなら，無理はしないでください。その話題にゆっくり取り組んでいくか，別の話題に目を向けてみるか，書くこと自体をやめましょう。

10. 就寝時によみがえってくる記憶が不眠の原因だと思うなら，寝る前に書いてみるのもよいでしょう。ジャーナリングは，悩みごとと格闘するのではなく，それを受け入れ，心をすっきりさせるのに役立つ方法です。

11. 今後，必要を感じたら，いつでもジャーナリング用のノートを取り出してください。時間については，長くても短くても，自分に最適だと思うだけ書いてください。研究では，ほんの数分から最高30分まで，書くことの効用が確認されています。

4日間ジャーナリングの練習の後

　追加のジャーナリング練習を，可能なら違ったやり方で行うと，さらに効果が上がるかもしれません。4日間ジャーナリング練習の終了後，最低でも二，三日たってから，書いた内容を読み直しましょう。そのとき，考えてほしいことがあります。

- 4日間のうちに，あなたは胸襟を開いて心の奥底の考えや感情を表出することが，だんだん楽にできてきましたか？　4日たった後，これで決まりが付いた，より深い理解が得られたと感じましたか？　もっと書くと効果的だと思いますか？
- 4日間のうちに，同じことを繰り返し書きましたか？　それは心の整理が滞っていることを示しています。それとも，違った側面や見方が見えましたか？　以下の方法は，あなたの見方をよい方向に広げるのにどのように役立つでしょうか？
  - あなたは悪い結果とよい結果の両方を認識しましたか？　もしそうなら，書くことの効果はさらに高まります。あなたはその出来事によって，何を失い，何を得ましたか？
  - 書いた内容には，否定的感情と肯定的感情の両方が含まれていましたか？　自己憐憫に浸ったり自分を責めたりせずに，否定的感情を認めることは有益です。しかし，肯定的感情を付け加えれば，ジャーナリングの効果がさらに高まります。書いた内容には，「愛」「いたわり」「勇気」「楽しい」「温かさ」「尊厳」「受け入れる」「穏やか」「意味」などの肯定的な言葉が含まれていましたか？「悲しい」「怒っている」「心配」「沈んでいる」といった否定的感情を，「楽しくない」「穏やかではない」「いつもの自分の前向きな姿勢が打ち砕かれた」といった，より肯定的な言葉に変えてみるとよいかもしれません。
  - 「原因」「結果」「なぜなら」「理由」「根拠」「理解する」「気づく」「知っている」「意味」などの洞察の言葉を使うと効果があります。このような言葉は，自分の物語をよりよく理解し，その経験を解釈して，意味を構築しようと積極的に試みているしるしだからです。

言っておきますが，見方を広げることは，痛みやトラウマを軽視する怪しいポジティブ・シンキングとは違います（「くじけるな」「これもいつかは笑い話になるさ」といった言葉は助けになりません）。そうではなく，見方を広げることは，より深い理解や，より温かい見方，知恵，人生の建設的な方向転換など，現実のメリットを積極的に模索するということです。もしかしたら，許しを求める，あるいは与えるというテーマが浮かび上がってくるかもしれません（第31章を参照してください）。

もし壁に突き当たっているのなら，一歩下がって，違った見方からその出来事について書いてみてください。方法をいくつか紹介します。

- 自分自身について書くとき，三人称に変えましょう（例えば，「彼は……と感じた」）。
- ほかの人に知ってもらいたいことを書きましょう。
- 「私」という単数の人称代名詞は，自分を焦点としていることを示しています。それはそれでよいのですが，ほかの人たちや，その人たちの視点についても書いてみましょう。
- 親しい友達が同じような経験をしたという設定で，思いやりに満ちた手紙を書きましょう。友達はそのとき，どのような思いをしたでしょうか？　あなたはどのようにアドバイスしたり，励ましたり，優しさや心配や理解を示すその他の言葉をかけたりするでしょう？　友達は自分自身または人生について，どのようなことを学ぶでしょうか？　友達はどのように成

長するでしょう？

- 思いやりに満ちた実際の友達か，架空の友達から，自分に宛てた手紙を書きましょう（Neff, 2011）。この友達はあなたを──あなたの強みも，弱みも，あなたが直面した試練も──知っていて，無条件に愛し，受容してくれます。また，人間が不完全な存在であることを理解していて，欠点があなたのほんの一部でしかないことも知っています。その友達はあなたに何と言うでしょうか？　どのように愛情と応援の気持ちを伝えるでしょう（例えば，「あなたのことを気にかけているよ」「元気で幸せになってほしいの」「あなたも人間でしかないんだからね」など）？　友達はあなたをよく知っているので，こう言うかもしれません。「あなたの言っていることって，まるでガミガミうるさい父親みたい。あなたの本当の望みは，最高の自分になれるように，受け入れて愛してもらうことでしょう。なのに，そんなに厳しく批判ばかりしていたら，とてもつらいはず。あなたはただ，自分を律して，向上しようとしているだけなのよね。だとしたら，厳しい自己批判より，優しさと励ましのほうが効果的なんじゃない？」。もしあなたの人生に何か変化を起こす必要があるとすれば，思いやりに満ちた友達は，それをどのような丁寧な言い方で提案するでしょうか？　この思いやりに満ちた手紙を書いているとき，体がどのような感覚になるかを意識してください。また，思いやりの感情を深く味わってください。書き終わったら，手紙をしまっておきましょう。翌日か翌々日，もう一度それを取り出して読み返し，思いやりの感情をさらに深く味わってください。

- 苦しみを丁寧に扱うだけでなく，「この事件や，その後の日々について，何か感謝できるようなことはないだろうか？」と考えてみるとよいかもしれません。例えば，何らかの形であなたを守ったり，助けたり，人生を豊かにしてくれたりした人はいませんか？　さらに傷つかないように，自分で自分を守りませんでしたか？　あなたは今なお友達や愛や希望を持っているのではありませんか？　もしかしたら，以前よりもセルフ・コンパッションをもって対応できることに気づいたのではないでしょうか？

- 出来事の最中か，その後に，心ないメッセージか否定的なメッセージを耳にしましたか？　その出来事をきっかけに，昔，親などの他者から言われた批判的なメッセージを思い出しましたか？　そのようなメッセージを，思いやりのある言葉に置き換えることはできないでしょうか？「おまえはまだまだだ」「おまえはダメ人間だ」「なぜそんなにバカなの！」といったメッセージのかわりに，「あのときは大変だった。自分は精いっぱいのことをした。次はもっと賢く対処できるだろう」と自分に言ってみてはどうでしょうか？　そして，優しい言葉をかけながら，自分自身を抱きしめてもよいでしょう。

- 自分の心，体，魂が持っている現在の強みを述べてください。苦難を切り抜けた場面や，忍耐力，知恵，決断力，賢明な判断といった強みを示した場面を挙げてみてください。

- 未来を描写してください。このような過去の出来事は，今後あなたの考えや行動をどのように左右するでしょうか？

第26章
無条件の愛についての
まとめ

　これまで私たちは，自尊心の第二の基盤となる，つまり「無条件の愛」に関するきわめて重要な考え方やスキルについて見てきました。この要素はとても大切なので，ここで，その重要な考え方とスキルをいくつか振り返ってみましょう。

支えとなる考え方

- 中核自己に対する愛は，健全な感情である。それはまた，自分にとって最善のことを求める態度であり，日々行う決心でもある。
- 心理的な健康や成長には，中核に対する愛が必要である。
- 愛は学習され，練習を通じて修得されるものである。
- 中核自己に対する愛を育む責任は自分自身にある。たとえ他者からの愛に期待できなくても，中核自己に対する自分の愛は当てにすることができる。

獲得したスキル

1. 中核自己を見つけ，愛し，癒す
2. 思いやりのある表現，チャンネルへと変えること
3. さまざまな才能の輪
4. よい特性を認識し，受け入れる
5. 体への好意的態度を養う
6. 体への好意をさらに強める
7. 「たとえ……だとしても，それでもなお……」のスキルを用いる
8. 愛の眼差しの瞑想
9. 鏡に映った顔を好きになる

10. 愛に満ちた目で自分を見る
11. 心臓レベルで愛を感じる
12. 苦痛をマインドフルに認識する
13. 基本の，セルフ・コンパッションの瞑想
14. セルフ・コンパッションを身体レベルで感じる
15. コンパッションに満ちたジャーナリング

　これらの重要な考え方やスキルを強化するために，少し時間をとって以下の質問に答えてみてください。まずは自分が学んできたことを復習するために，これまでのページを見なおしてみましょう。

1．第二の要素に関する考え方の中で，私にとって特に意味のあったものは：

2．私が特に覚えて使いたいと思うスキルは：

3．第二の要素の練習で，私にもっと必要なのは何か？　もっと訓練したいスキルはあるか？（訓練に必要なだけの時間を確保してください）

II
自尊心のスキル

第三の要素

愛の行動的な側面：
成長すること

第27章
成長の基礎知識

私たちが行うすべての決定は，私たちが自分をどれだけ大切にしているかを示している。
——米軍従軍牧師N・オールデン・ブラウン

　自尊心は，認識の問題でもありますが，それと同じくらい心の問題でもあります。自尊心の第三の基盤である成長は特にそうです。成長をほかの言葉で言い換えてみましょう。

- 行動する愛
- 完成に向かうこと
- 開花に向かうこと
- **「よりいっそう」**という要素

　「よりいっそうという要素」は，私の最も敬愛する教師からヒントを得たものです。その先生は，背が高くひょろっとしており，特にハンサムともいえない顔立ちの人でした。それどころか，まったく格好よくないと言う人さえいたかもしれません。しかし先生は，母親からの愛を自覚していましたし，ほかの人たちもみな先生を好きでした。その先生が初めてスーツを手に入れたのは19歳のときだったそうです。さっぱりした白いシャツとネクタイの上にその青いスーツを着て，これからどんなふうに人を教え，役に立っていこうかと考えながら，先生は顔を輝かせて次のように言いました。「僕は**よりいっそう**ハンサムになった！」
　第三の要素，つまり成長とは，中核における自分自身がよりいっそう自分らしくなってきているという穏やかな感情です。言い換えれば，成長とは，未完成の形で存在する特性を伸ばすことなのです。それは自分に合った妥当かつ着実なペースで，自分がなりうる最良の人間になりつつあるということです。したがって自分であることに深く静かな喜びを感じます。
　要するに，成長するとは，次のようなことを意味しています。

- 私たちの能力や可能性を伸ばすこと
- 向上することと，高い水準に向かって進むこと

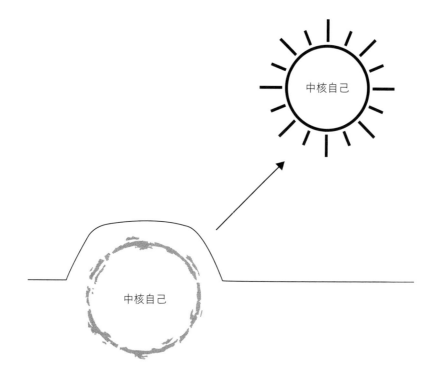

- 他者も自己も含め，すべての人々の人間性を高めること

　先に私たちは中核自己を，無限で不変の価値のある──そして必要なすべての特性を未完成の形で備えた──クリスタルにたとえました。第一の要素である無条件の人間の価値は，この中核自己を正しく認識します。第二の要素である無条件の愛は，中核を強くして輝かせ，第三の要素である成長の基盤となります。

　成長する，つまり完成に向かうためには，残っている汚れをそぎ落として，中核がよりいっそう明るく輝くような光の中へ引き上げなければなりません。この絵が示すように，中核はいつでも価値を持っていますが，光の中に持ってくると，その素晴らしさがさらにはっきり見えるようになります。

行動する愛：次のステップ

　中核を隠したり汚したりしかねない認知の歪みはすでに取り除いたので，次の課題は以下のとおりです。

- 愛があり，自分を発展させるような行動を選択しましょう。
- 愛のない行動は自分を発展させることにならないので，中核の周りから取り除きましょう。そのような行動には，不健康で思いやりのないありとあらゆる習慣が含まれます。例えば，

薬物使用や過剰な怒り，相手をモノと見なすセックス，睡眠不足，過食，ニコチンの過剰摂取などがそれに当たります。

人としての成長は，人生における特に大きな喜びの一つです。繰り返しになりますが，自尊心は自己満足を意味するわけではありません。ハーフェン（Hafen 1989）は次のように述べています。

> 自己受容は治療や人間的発達の出発点ではなく，むしろ終着点だという考えがある。しかしこのような考え方に基づくカウンセリングでは，変化に導く援助よりも，単なる苦痛の緩和の手助けに重きを置くようなことになりかねない。不治の病にある人に対してその病気を受け入れるよう手助けする場合には，この方法が適切かもしれないが，人間的な成長や発達の過程を手助けする場合，同じようにうまくいくかどうかは疑わしい。

つまり，自尊心——自分に対する現実的かつ好意的な見方——は，自己受容（第一および第二の要素）と，開花に向かうこと（第三の要素）の両方に基づいているのです。

わんぱくデニス

「きみにできる最良のことは，とびきり上手に自分らしくいられるようになることだよ」

"DENNIS THE MENACE" used by permission of Hank Ketcham Enterprises and North American Syndicate.

成長についてのさまざまな見方

第三の要素，つまり健全な成長の過程は，以下の10の原則に基づいています。

1. 私たちは，身体的，精神的，社会的，情緒的，そして霊的に発達するよう設計され，創られている。そしてその発達は，私たちの能力が育まれ，用いられたときに実現する。発達を促す栄養分は愛である。

2. 自分の能力を伸ばすことは，自分自身を愛する一つの方法である。自分の能力を分かち合うことは，他者を愛する一つの方法である。

3. 成長は，無条件の価値および無条件の愛の**結果**であり，それらの**条件**ではない。愛は成長の土壌となる。無条件の価値や愛を感じていなければ，成功や功績や生産が自尊心をもたらすことはほとんどない。したがって，第一および第二の要素をすでに備えたうえで，成長しようと決心することが非常に大事である。

4. 成長とは，能力が高いことを意味するわけではない。その理由は以下のとおりである。

   - 能力が必ずしも包括的な自尊心につながるわけではないことを，研究が示している。
   - 能力という言葉はふつう，成果（つまり，達成した，完了した，完成した，ということ）を示唆するものである。

   むしろ，成長というのは次のような認識である。

   - 「私はできる」（つまり，私は有能である）
   - 「私は順調に進んでおり，望ましい方向に向かっている」

   つまり，成長は成果ではなく，**方向**であり**過程**である。したがって，たとえ望んだ目標（例えば，完璧）に達しなかったとしても，人は進歩に満足することができる。

5. 能力を伸ばしても，それによって価値が変化したり，高まったり，証明されたりすることはない（価値は生まれながらにして存在し，すでに無限で不変である）。むしろ，成長するにつれて私たちは，自分の価値を表現し，自己認識を変化させ，自分自身にいっそうの喜びや好意や満足感を感じるようになるのである。また，自分の真の中核自己がさらにはっきり見えるようになり，中核自己がもっと明るく輝くような日の当たる場所に身を置くようになる。

6. ある友人について好ましい経験が重なれば，やがてその友人に対する信頼感や好ましい見方は強固になる。同様に，自己に関する好ましい経験をすれば，自己に対する好意が固定され，高められる。

7. 成長は，継続するプロセスである。咲いた後に枯れてしまうバラの花とは違い，中核自己は，外殻が老化しても成長を続けることができる。

8. 成長は，孤独のうちには完成せず，相互依存の中で達成される（例えば，他者や自然，神の愛の助けによって）。

9. 成長するには，ただ**誠実さ**（道徳的な振る舞いや性格）と**健全な歓び**（つまり，良心を損なわずに元気を回復させるような歓び。芸術や美，趣味，学び，才能を伸ばすこと，人の役に立つこと，

周囲を掃除したり美しくしたりすること，遊ぶこと，働くこと，愛することなど）を持とうと努めればよい。
10. 人はさらに幸せになるように，成長を選択する。幸せになるにつれ，私たちは人生や自分自身をより楽しむようになる。

成長についての疑問

誠実さと歓びは，両立しないのではないか？

integrity《誠実さ》という言葉には，統合や完全さという意味があります。これは行動と価値観の間にずれがないということです。この資質を育むと，より安らかな気持ちで自分というものを感じるようになります。ウィンズロー・ホーマー（Winslow Homer）《画家》のように，「わが家の外側も，内側も，私自身の内側もすべて素晴らしい」と言えるようになります。道徳的な振る舞いは心を静めてくれるとともに，優しく平穏で，そこには嘘がありません。一日の初めに，「誠実さを最優先しよう」と決意すると，誠実さが育まれます。

歓びは誠実さとは両立しないと主張する人もいますが，カトリックの聖人の列に加えられているトマス・アクィナスの言葉を思い出してみましょう。「誰も歓びなしには生きられない。だから，魂の歓び［例えば，生きることの歓び］を奪われた人は，肉欲の歓びに向かう」

ガンディーはさらに，意識を堕落させるものは歓びではなく，良心なき歓び（例えば，搾取したり，虐待したり，信頼を踏みにじったりするような歓び）だと説きました。**健全な歓びは，元気を回復させる，なくてはならないものです。避けるべきなのは，人の意識を堕落させるような歓びです。この意味で，健全な歓びと誠実さの追求は矛盾しません。

自尊心を抱くには，完璧な誠実さが必要なのか？

内なる平穏を得るためには，自分が知る限り最善のことをする必要があります。人は，自分が知っていることや，自分に可能なことしかできません。人はみな誤りを犯しがちな生きものなので，完璧には達しません。それでも，正しい方向へ，そして望む方向へ進もうと全力を尽くすなら，自分の価値を感じることができます。

成長が楽しくないのはどんなときか？

何としても成果が必要だというときは，成長する楽しみがなくなります。例えば，もしある人が，価値や幸福の条件として敏腕セールスマンに**ならなければならない**としたら，その人は追いつめられ，楽しみを感じないでしょう。繰り返しになりますが，健全な成長の前提は，まず無条件の価値と愛があることです。それがあれば，失敗への恐れや成果へのこだわりなしに，成長する**過程**を楽しむことができます。成果へのこだわりと失敗への恐れは，同じ原因に端を発しています。それは，**条件付き**の価値と**条件付き**の愛です。

第27章 成長の基礎知識 | 165

成長とは，階段を上るようなものであり，到達することとは違います。だからこそ，完璧な状態に到達できない不満感を覚えずに，進歩や方向を楽しむことができるのです。

人類と自己の向上についての言葉

第三の要素である成長とは，楽しみと満足感を覚えながら現在の発達度以上に自分を伸ばすこと，そして他者に救いの手を伸ばすことです。それは以下の言葉に示されています。時間をかけて，これらの言葉をじっくり考えてみましょう。

> ひとたび自分というものを持てば［つまり，自分自身の価値を確信すれば］，
> もっと簡単に自分を捨てて奉仕に没頭できるようになるだろう。
> ——発言者不明

> もし私が自分の味方でなければ，誰が私の味方になってくれるだろう？
> しかし，もし私が自分だけの味方なら，私は一体，何なのか？
> ——ヒレル（Hillel）《ユダヤ人ラビ》

> もし常に全人類のためにのみ働いたなら，
> 自分は最高に能力を発揮できる，そう私は気がついた。
> ——バックミンスター・フラー（Buckminster Fuller）《発明家，建築家，デザイナー》

> 教育の最大の誤りは，人々が人類意識よりも
> 部族意識を重視するようになったことだ。
> ——ノーマン・カズンズ（Norman Cousins）《ジャーナリスト》

> 人生の素晴らしい送り方は，人生より長続きするもののためにそれを費やすことだ。
> ——ウィリアム・ジェイムズ（William James）《哲学者，心理学者》

> 人は日々の生活から，自分がほかの人のために存在していることを知っている……
> 私は，一日に100回はそれを思い出す。
> ——アルベルト・アインシュタイン

> 彼は名声だけでなく富も得られたはずなのに，そのどちらにも関心を向けず，
> 世の中の役に立つことに幸せと名誉を見いだした。
> ——ジョージ・ワシントン・カーヴァー（George Washington Carver）《植物学者》の
> 墓碑銘として書かれた言葉

人間性──自己や，その他すべての人々──を高めようとする欲求は，
日常用語で私たちが愛と呼ぶものである。
愛とは，愛する対象にとっての最善を望むことだ。
──ジョン・バート（John Burt）

もしあなたに弱点があるなら，それを克服するよう努めなさい。
もし失敗したら，再度挑戦しなさい。また失敗しても，挑戦を続けなさい。
神は慈悲深く，私たち自身よりもはるかに
私たちに思いやりを持っているのである。
──J・ゴールデン・キンブル（J. Golden Kimball）《モルモン教会の指導者》

あらゆることに失敗したら，何も期待してない人に，
よいことをしてみよう。
きっと，自分が素晴らしい気分になるのに驚くはずだ。
──ジョージ・バーンズ

もし次の……ルールを実践するなら，
［軽いうつ状態］は14日後には治るだろう。
そのルールとは，他者に［健全な］喜びを与える方法をときどき考えることである……。
そうすれば，自分自身の有用性と価値が感じられることだろう。
──アルフレート・アドラー（Alfred Adler）《精神医学者》

死を恐れる必要はない。
恐れるべきは，自分の最大の力──自分の人生を他者のために与えるという
自由意志の力──を知ることなく死ぬかもしれないことだ。
──アルベルト・シュヴァイツァー

［私たちはみな］自分の才能を注ぎ込む職人だ。
──ローラ・ベネ（Laura Benet）《詩人》

自分に何ができるかがわかると，
自分というものをより高く評価できるようになる。
──発言者不明

奉仕とは，他者の持続的な成長を考えることだ。
──ダリン・H・オークス（Dallin H. Oaks）《法律家，モルモン教会指導者》

魔法［つまり成長］を起こす唯一の方法は，懸命に働くことだ。
しかし，懸命に働くことは楽しい場合もある。
──ジム・ヘンソン（Jim Henson）《マペット作家》

ある人は，原則は人を束縛すると言う。でも原則は人を解放すると私は言いたい。
ある人は，奉仕は従属だと言う。しかし奉仕は人を高貴にすると私は言いたい。
──発言者不明

第28章
自分が完璧ではないことを受け入れる

　成長は登山のようなものです。足場が確かなことがわかっていれば，自信をもって突き進めますし，楽しく登れます。第一の要素と第二の要素は，成長のための確かな足場です。あなたが成長を始め，その過程を楽しむようになると，何らかの形であなた自身やあなたの努力が完璧ではないことを思い知らせようとする人物が現れ，あなたの気分を台無しにするかもしれません。以下に紹介する**「それでもなお」**のスキルは，前に紹介した二つの形とは少し違い，以下のような形をとります。

　　　たとえ私は完璧ではないとしても，それでもなお _____。
　　　　　　　　　　　　　　　　　　　　　　　　　　（成長していることを表す言葉）

例えば，誰かに「おまえは何一つまともにできないんだな」と言われたら，次のように言うか，考えればよいのです。

　　　　「たとえ私は完璧ではないとしても，それでもなお**私は成長している**」

それでもなおに続く言葉としては，このほかに以下のものが挙げられます。

- 私は確かに努力している。
- 私は学んでいる。
- 私は正しい方向に進んでいる。
- 私はこれに関してはまだ初心者で，手探りで進んでいる状態である。
- それでも私は，努力することが楽しい。
- 私は向上できると考えている。
- 私の価値は無限であり，私は自分の努力を評価している。そして，ほかの人と同様，私にも努力する権利がある。
- 私はそれでも「役に立つ」。
- 私は楽しんでいる。

- 私はほかの点で成長している。
- それでも学ぶことは冒険のようにわくわくする。
- 今日の私は昨日の私より（親切だ，人間らしい，など）。
- それでも私はやめないで，やり遂げる。

ほかに自分の気に入る言葉を思いつくでしょうか？

たとえ私は完璧ではないとしても……それでもなお：練習

　パートナーを選んでください。そして，真実だろうと嘘だろうと，頭に思い浮かんだ否定的な言葉を何でも言うように頼んでください。以下に例を挙げます。

- うちのカエルのほうが，あなたよりまだ頭の回転が速いようだね。
- 歌を習っているって？　あなたが？
- あなたの記憶力が悪いせいで，あの顧客を失ったじゃないの！
- あなたは絶対に大した人間にはなれない！
- なぜそんなにのろまなの？
- あなたの性格にはいらいらする！

　それぞれの批判に対して，ひとまずエゴをしまい込み，「**たとえ私は完璧ではないとしても，それでもなお……**」という言葉で答えましょう。ユーモアのセンスを忘れず，明るい気分で答えるように努めてください。

自分の不完全さを受け入れる：練習

1. これから6日間，自尊心を低下させる可能性のある出来事または状況を毎日三つずつ選んでください。
2. それぞれの出来事または状況に対して，「**たとえ私は完璧ではないとしても，それでもなお……**」という形の言葉を一つ選んでください。そのうえで，下の表に出来事または状況と，使った言葉，そしてその言葉を選んで自分に語りかけた結果，感情にどんな影響があったかを記入してください。記録を続けることで，スキルが強化されます。

日　付	出来事・状況	使った言葉	影　　響
1. 2. 3.			
1. 2. 3.			
1. 2. 3.			
1. 2. 3.			
1. 2. 3.			
1. 2. 3.			

第29章
ちょっとした遊び
（可能性に思いを巡らせる）

　マペット作家のジム・ヘンソンは，子どものような特質，つまり子ども独特の楽しくて貴い特質の持ち主として，多くの人から高く評価されていました。以下に挙げる子どものような特質について考えてみましょう。

- 探究心，驚異の念，好奇心
- 傷つきやすいこと
- 温かいこと
- 共感的であること
- よい点を認めること
- 熱中すること
- 反応が速いこと
- 熱心であること
- 信用すること
- 次のような能力（Montegu 1988）
    - 学ぶ
    - 生きる
    - 成長する
    - 想像する，空想する，夢を見る
    - 実験する
    - 探求する
    - 柔軟にものごとを考える
    - 愛する
    - 勉強する
    - 遊ぶ

- 考える

　人生の荒波にもまれるうちに輝きが弱まってしまう特質もあるかもしれませんが，どの特質の輝きも決して完全に消えるわけではありません。成熟することのメリットは，これらの特質を育む知恵や情緒的安定をしばしば得られることにあります。

自分を簡単に振り返る

　以下の質問の答えを記してください。

1. あなたは自分の性格のどこが好きですか？（長所を認識することは自分を愛する方法の一つです）

2. 「あなたはどこを改善したいですか？」という質問に，以下のような形の文章で答えてください。

　　　確かに，自分はときどき ＿＿＿＿＿＿＿＿ だから，もっと ＿＿＿＿＿＿＿＿＿ になりたい。
　　　　　　　　　　　　　（行動を書き込みましょう）　　（性質を書き込みましょう）

　不完全な部分があっても恥じる必要はありません。ただ，現実を冷静に認識しつつ，可能性にも目を向けるという，明るい情緒的トーンに注目してください。

魅力的な特質

　箴言29章18節には，「将来の展望がなければ，民は滅びる」とあります。この練習をすれば，人間的成長に向けた展望——つまり楽しい道のり——を構築する手助けになるでしょう。
　人の魅力を増すような性格的特質とはどんなものでしょうか？　心理学者，J・ブラザーズ（J. Brothers 1990）は，魅力的と見なされる年配の人たちの特徴として，以下のような特性を挙げています。これらの特性は，あなたを含むすべての年齢層に当てはまるといえそうです。

1．人の魅力を増す特性として，あなたが同意するものにチェックを付けてください。

_____ 陽気であること

_____ 落ち着いていること

_____ 意識が高いこと

_____ 五感で楽しむこと（食べものや自然などを楽しむ）

_____ あらゆる人に関心を持っていること

_____ 人生に熱意を持っていること

_____ 前向きであること（他者や自分に批判的ではない）

_____ 健康的で活発であること（体調が整っていて，衛生的である）

_____ 内なる強さ（くよくよ悩まず，失敗から学ぶ）

_____ 弱みがあること（自分の欠点を自覚し，受け入れる）

_____ 同じ人間として他者と接すること（あいさつし，微笑み，話しかけ，謝意を表す）

_____ 優しいこと

_____ 善良であること

_____ 欠点ではなく長所に注目すること

_____ 楽しさ（自分が楽しむ，人を楽しませる，ときどきふざける）

_____ 男性的な面と女性的な面を示すこと（柔軟であること）

_____ 男女双方と交友を楽しむこと（相手をそっくりまるごと，複雑な個人として見る）

2. このリストに加えたい特性がありますか？　それは何ですか？

3. 仮にあなたが，伸ばしたい特質を四つ選ぶとすれば，それはどれですか？　ちょっとした遊びのつもりで個人的に選んでみてください。

    a.

    b.

    c.

    d.

第30章
自分の性格の棚卸しをする

　自尊心はプラス思考の練習ではありません。プラス思考では,「私は何と素晴らしく,完璧な人間なのだろう」と自分に言い聞かせ,それによって本当に素晴らしく完璧になることを願います。しかしこのような考え方は現実に基づいていないため,精神的に未熟であり,ストレスを生みます。しかし,自尊心のある人は自分を美化する必要はありません。強みも弱みも正確に評価できるだけの安定性を持っています。成長は,現在の自分の発達度を率直に認識するところから始まります。中核自己を真に尊重すれば,発達度を認識する過程で自己肯定と楽観的な気持ちを感じることができます。

　これから紹介する作業は,AA《アルコホーリクス・アノニマス。アルコール依存症者のための自助グループ》が使用している「倫理的棚卸し」に基づいています。「食料品店の店主は棚卸しをするとき,棚にあるものとないものをただ数えるだけだ」とAAのメンバーは説きます。つまり店主は良し悪しを判断したりせず,ただ数えるのです。これと同じように私たちが自分自身の棚卸しをするときも,ただ数えるだけです。中核自己を裁きはしません。

　この作業を,「愛に満ち,恐れのない,詳細で,率直な倫理的棚卸し」といいます。なぜ**愛に満ちている**かというと,愛は恐れを一掃するからです。この棚卸しでは,愛をもって,恐れることなく,ただ自分の現在位置を認識します。恐れが生まれるのは,自分の中核に悪い判断を下したときです。「自分は芯までダメな人間だ」という結論に至ることほど,恐ろしいことはないでしょう。「ダメ」というラベルは不合理です。それは,その人がいついかなるときも完全にダメだということを意味するからです。もっと現実的な考え方は,中核においては無限の価値があるけれども,不完全な点もいくつかあるというものです。次に,なぜこの棚卸しが**率直**で**倫理的**かというと,それは強みと弱みの両方を率直に認め特定するからです。もし弱みだけを見つけるのであれば,それは「**非倫理的な棚卸し**」と呼ばれるでしょう。私たちが倫理的と見なすのは,長期的に見て人類の利益にかなうものです。そうでないものは非倫理的と見なします。

　この棚卸しは,心理学者アーノルド・ラザラス(Arnold Lazarus 1984)の多面的行動療法を改変した,BASIC MIDという方式で行います。BASIC MIDは,人が生活の八つの側面に強みと弱みを持っていることを前提としており,BASIC MIDの各文字がその八つの側面を表しています。それは,Behavior(行動),Affect(感情),Sensations(感覚),Imagery(イメージ),Cognitions(認知),Moral(倫理),Interpersonal(対人関係),Drugs/Biology(薬物・生物学的要因)です。強みと弱みを同時に眺めれば,弱みを広い視野からとらえやすくなります。つまり弱い領域を,鍛えて伸ばせる不完全な部分と見なすのです。弱みはその人の中核全体を表しているわけではありません。

BASIC MIDの各側面に関しては，さまざまな成長のしかたや伸ばし方があります。現状を把握すれば，あなたの方向性と目標を明確にすることができるということを忘れないでください。

倫理面での強みのリスト

あなたは自分が善い行いをしようと努めていることを，密かに，しかし率直に，ほめてあげていますか？　それとも，自分の努力を過小評価していますか？　自分の強みを新たな目で見ると――あるいは，自分が軽視しているか，当然視している内なる能力を認識すると――とても効果的な場合があります。だからこそ，自分の強みの棚卸しをしてほしいのです。以下に挙げたものは，倫理面での強みと考えられる性質です。なぜなら，これらは自分を含む人類全体の利益になるからです。

1. 自分がある程度（つまり完璧ではなくても）示している性質すべてにチェックを付けてください。

_____	誠実さ	_____	親愛の情
_____	思いやり	_____	配慮または思慮深さ
_____	愛	_____	多様性に対する寛容さ
_____	高潔さ	_____	信頼
_____	知識	_____	倫理面での潔癖さ
_____	辛抱強さ	_____	義務感または責任感
_____	親切さ	_____	自分の評判を気遣うこと
_____	謙虚であること，または進んで誤りを認めること	_____	人を許すこと
_____	人を尊重すること	_____	親しみやすさ
_____	自重すること	_____	悔悟の念または妥当な後悔
_____	正直さ	_____	希望または楽観主義
_____	人の役に立つこと	_____	質素倹約
_____	人を支えること	_____	献身またはサービス精神
_____	分かち合うこと	_____	感謝
_____	穏やかさ	_____	よい点を認めること
_____	丁重さまたは礼儀正しさ	_____	当てになること，または約束を守ること

2. 以上の性質のうち，これを伸ばせばもっと成長するか幸せになるというものを，○で囲んでください。

生活の八つの領域を評価する

この後に掲載するBASIC MID調査・計画表では，あなたの生活を以下の八つの領域で評価します。ただし，ここでは，全体的な傾向を知るのが狙いであることを忘れないでください。大半の人は，以下に挙げた各領域の弱点を少なからず経験することがあるはずです。

1. **行動**にはあなたがすること，つまり行為や習慣，身振り，反応などが含まれます。健全な行動の例としては，時間に正確なことや，感じのよい表情をすること，清潔であること，娯楽の時間を作ること，落ち着いていること，慎重な話し方をすること，魅力的な装いをすること，身なりを整えること，仕事を完遂することなどが挙げられるでしょう。また弱点としての行動の例には，挑戦を回避または敬遠すること，すべきことを先延ばしにすること，眉をひそめたり顔をしかめたりすること，うなだれた姿勢をとること，乱雑なこと，人をコントロールすること，怒鳴ること，無視すること，強迫的な行動をとること，せっかちまたは無謀な運転をすることなどが挙げられるでしょう。

2. **情動**とは，あなたが味わう感情のことです。健全な情動の例としては，楽観主義や，安らぎ，自己に対する高い評価，自分の持っているものに対する満足感，陽気さ，落ち着きなどが挙げられるでしょう。問題となる情動の例としては，慢性的な抑うつや，不安，怒り，心配，恐れ，罪悪感，自己嫌悪などが挙げられるでしょう。

3. **感覚**とは五感のことです。健全な感覚の例としては，風や，味，匂い，音，景色を楽しむことなどが挙げられるでしょう。一方，問題，あるいは問題の徴候としては，慢性頭痛や，緊張，吐き気，めまい，腹部の圧迫感，周囲の美しいものではなく嫌なものしか目に入らない傾向などが挙げられるでしょう。

4. **イメージ**とは，心の中に浮かぶ光景です。好ましいイメージの例としては，将来の楽しい休暇を思い浮かべることや，楽しい夢を見ること，鏡に映った自分を見て明るい気分になることなどが挙げられるでしょう。問題となるイメージの例としては，悪夢を見ることや，失敗する自分を思い浮かべるとこと，誤った自己像を持つこと，鏡に映った自分の悪い部分だけに注目することなどが挙げられるでしょう。

5. **認知**の領域では，「考え」を扱います。健全な認知としては，現実的な楽観主義（つまり「すべてが完璧にいくわけではないだろうが，楽しみや，成長のきっかけ，改善すべき点が見つかるだろう」という態度），または「**それでもなお**」のスキル（第6, 17, 28章を参照のこと）や認知的リハーサル（第14章を参照のこと）といった認知のスキルです。問題となる認知は，認知に歪みがあることです。

6. **倫理**は，その人の性格と行いのことです。健全なものとしては，前掲のリストに挙げた性質すべてが含まれます。弱点はその逆です。

7. **対人関係**は，人間関係の質を表します。好ましい例としては，親密なよい人間関係を築いている

ことや，家族・友人を重視すること，仕事仲間以外と交際することなどが挙げられます。不健全な徴候の例としては，友人がいないことや，攻撃すること（例えば中傷や暴力や当てこすり），期待を裏切る人から遠ざかってばかりいること，自己主張をしないこと（例えば自分が利用されるのを許すこと）などが挙げられるでしょう。

8. **薬物・生物学的要因**とは，現在の健康習慣のことです。自分自身への気遣いを反映しているもの，したがって好ましいものといえる習慣の例としては，十分に休息をとってくつろぐことや，定期的に運動すること，正しい食生活をすることなどが挙げられます。ジャンクフードを食べることや，精神安定薬か睡眠薬を常用すること，喫煙すること，薬物を乱用することなどは概して，健康や自分自身をないがしろにしていることを表しています。

愛に満ち，恐れのない，詳細で，率直な倫理的棚卸し

1. BASIC MID 調査・計画表にある八つの領域の欄に，現在，持っている長所や，今，生活の中でうまくいっていることを挙げてください。

2. 現在，問題のある生活領域は何ですか？　不満を感じるものごとは何ですか？　BASIC MID の八領域すべてについて，そういった事柄を「現在の弱み（症状・問題）」の見出しの下に記入してください。

3. 現在の自分の弱い領域を考えたとき，またもしその領域を改善したなら，あなたの生活はどう変わるでしょうか？　変化後の生活を八領域すべてについて記入してください。例えば，仮に私の不安が和らいだなら，私のものの見方や聞こえ方はどう変わるでしょう？　人間関係はどう変わるでしょう？

4. BASIC MID の各領域の欄に，自分が変化または成長するために行えそうな事柄を記入してください。ただし，このような事柄を提案する目的は，長所をさらに強め，現在，弱い領域を改善することだという点を忘れないでください。それには創造力をフル稼働させる必要があるかもしれません。改善する方法は山ほどあります。それはちょうど，弱い筋肉をさまざまな運動で鍛えるのに似ています。例えば，健康習慣を改善するには，関係する本を読んだり，スポーツクラブに入会したり，栄養士を雇ったり，高齢者とウォーキングのプログラムを始めたりする方法などが考えられます。不安症状を和らげたいなら，呼吸のコントロール法や筋肉の弛緩法を学んだり，精神保健分野の優れた専門家に手助けを求めたりすることができます。過剰な怒りがある場合は，認知の歪みを根本的に直したり，自尊心を回復したり，癒しのスキルを使ったり，許すことを学んだりすれば，怒りを弱められるかもしれません。このように自分で行いうる成長と改善の方法は数多くあります。しかし手助けが必要な場合もあるようで，（そのような場合）実際に手助けを得ることは，健全な自尊心を持っている証拠です。

　この表を記入していると，いくつかのおもしろいことに気づきます。例えば，アルコール依存は倫理の問題なのでしょうか？　もしあなたがアルコール依存を嗜癖と見なし，嗜癖を持つ人の中核を裁こうとしないなら，それは倫理の問題ではありません。しかし，その**行動**が本人と家族に悪影

響を及ぼすと考えるなら，倫理の問題になります。では，あなたはアルコール依存を「薬物・生物学的要因」と「倫理」のどちらの領域に記入しますか？　私の考えでは，これは重要な問題ではありません。この棚卸しの目的は，あなたの生活にプラスまたはマイナスの影響を及ぼしている領域を，よりはっきり認識できるようにすることです。八つのカテゴリーには重複部分もありうるので，それらをどのカテゴリーに入れるかは重要ではありません。肝心なのは，強みや弱みを認識することと，自分の不完全さがわかったからといって，中核を裁いたり非難したりしないことです。

　表の記入には時間をかけてください。もしかしたら，休憩を入れたりじっくり考えたりできるように，三日かけたいという人もいるかもしれません。

5．4．で記入した事柄のうち，「これに関しては今より進歩できるし，その過程で楽しみと満足も得られる」と，まずまずの自信をもって言えるものを一つ選んでください。そして，その領域を改善するために必要なことを1週間，続けてみてください。

6．毎月，この計画表を見直して，4．に関する進展を確認し，新しい目標を考えるよう決意してください。

　成長は一夜にして成し遂げられるものではありません。短期間で成し遂げられなくて失望する人もいるでしょう。そのような場合，自己を肖像画にたとえてみて，古典絵画の完成には何年もかかっているのだと考えるとよいでしょう。ただし，自己という肖像画が完成することはありません。その進化はずっと続いていくのです。

BASIC MID調査・計画表（愛に満ち、恐れのない、詳細で、率直な倫理的棚卸し）

行　動	情　動	感　覚	イメージ	認　知	倫　理 （行いと性格）	対人関係	薬物・ 生物学的要因
			現在の強み				
			現在の弱み（症状・問題）				
			弱い領域を改善したら、生活はどう変わるか				
			変化または成長のために行える事柄				

第31章
許しを実践する

　　　　　許しなしに未来はない。
　　　　　　　　　　　　——デズモンド・トゥトゥ《南アフリカの黒人牧師》

　　　　　敵を許していない人は，人生最高の喜びの一つをまだ味わったことがない。
　　　　　　　　　　　　——ロバート・ローター《ユダヤ人活動家》

　私の住む地域に，トランという勇気ある移民の若者が住んでいます。幼い頃はヴェトナムにいて，岩の下で貧しい暮らしをしていましたが，よりよい人生を送らせたいと願った母親が，アメリカへ里子に出したのです。しかし，里親家庭でトランはひどい虐待を受けました。ティーンエイジャーになったとき，トランは自分を虐待した相手に，「私はあなたを許しました，あなたの幸せを祈ります」と告げました。トランはつらかった時期を振り返って，「許しは怒りを愛に替えることです。許したことで，私は解放され，人生を前向きに歩めるようになりました」と語りました。

　ドイツの哲学者フリードリヒ・ニーチェは，弱い者だけが許すのだと示唆しました。しかし，許す人は実際には賢明で勇気のある人だということが，研究で示されているのです。

　ロバート・D・エンライトは許しの研究の草分けで，この章の多くはエンライトの著作から着想を得ています。エンライトはあらゆる年齢層の多様な集団——トラウマ，近親姦，虐待，薬物嗜癖を生き抜いた人，パートナーの妊娠中絶の決断に傷ついた男性，高齢女性，がんと心臓病の患者，北アイルランドの子ども——を研究し，許しを実践すると，一貫して精神的健康の改善につながり，それには自尊心の向上と，心臓機能の改善も含まれることを発見しました。ほんの少し許しに近づくだけでも，心理状態の大幅な改善につながりました。

許しとは何か？

　エンライトは許しを，「ある程度の懸命な努力により，自ら進んで恨みを弱め，自分を傷つけた相手に何らかの優しさを示す，自分が自由意志で選んだプロセス」と定義しています（2012, 49）。この定義の主な要素をいくつか見ていきましょう。

- **プロセス**。自分を深く傷つけた行為を許すことは，たいていの場合，すぐにできるわけでも，容易にできるわけでも，一度にできるわけでもありません。
- **選択**。許すことを私たちに強いることは誰にもできません。私たちは，心の準備ができたときに許すのです。許すという選択は，自分を傷つけた相手が謝罪するかどうかにも左右されませんし，相手が許しに値するかどうかにも，人間的に変わるかどうかにも左右されません。その選択に関わってくるのは，ただ，自分が過去へどう対応しようと決断するかということだけです。
- **恨み**。これは当初の怒りを再び感じることです。私たちは許すとき，憎悪と復讐心を手放すことを選びます。自分を過去に縛り付け，今の生活を灰色にしている重荷から解き放たれるためです。
- **相手に優しさを示すこと**。自分を傷つけた相手への悪意や非難や復讐心を手放すことが第一歩であり，これをすると癒しが得られます。相手に思いやりを示せば，さらなる癒しにつながります。まずは，相手を避けるか相手に耐えること，悪く言うのをやめること，あるいは危害を加えないことから始めましょう。時間がたって必要な癒しが得られたら，相手への優しい思いを育めるかもしれません。前に述べたように，誰もがみな不完全な存在ですし，苦しまない人はいません。それに，相手の心ない行動は必ず本人の幸福感を低下させるはずです。私たちが選ぶ対応は，相手がどのような行動をとったとしても——たとえ私たちがその行動を嫌悪していても——相手を愛し，尊重することです。もしかしたら，怒りや無関心が消えて，微笑めるようになるかもしれません。いずれは相手の幸せを願うか，積極的に相手の役に立とうとするかもしれません。

許しではないもの

1. 許しは，心の痛みを軽視することでも，怒りを無視することでもありません。痛みを軽んじたり，性急に軽々しく許しを与えたりすると，癒しを妨げかねません。癒しをもたらすのは，痛みを認め，思いやりをもって手当てをすることです。
2. 許しは，自分を傷つけた相手を信用することでも，相手と和解することでもありません。損なわれた関係を再構築するには時間と信用が必要です。しかし，相手はあなたの信用を受けるのに値しないかもしれません。和解しても，しなくても，許すことは可能です。
3. 許しは，悪い行いを大目に見ることでも，それを続けさせることでもありません。自滅的行為や他者に危険な行為を繰り返させないために，法の裁きを受けさせることが愛である場合もあります。許するのに必要なのは憎悪の気持ちではなく，固い決意のもとで相手を案じる気持ちです。
4. 許すことは忘れることではなく，ただ過去への対応のしかたを変えることです。自分がどう扱われたかに関係なく，自分がされたいように人に接するのです。たとえ相手がこちらに敬意を払わなかったとしても，こちらは敬意を示すのです。

許しはなぜ自尊心を高めるのか？

　自分を傷つけた相手を愛すると，最良の自分，つまりあなた本来の，愛に満ちた性質に触れることができます。自分を過去に縛り付けていた恨みの鎖を断ち切ると，怒りで閉ざされていた心が再び開くようになります。許しは三方向への優しさの贈りものであって，それを贈ると気分がよくなります。この贈りものの受け取り手を以下に挙げます（Enright 2001）。

1. **自分を傷つけた相手**。許すことは，自分を傷つけた相手にも価値があり，その価値は行動よりも深い部分にあると認めることです。自分を傷つけた相手に愛と敬意を込めて接すると，たとえすぐには感謝されなくても，相手の心を解きほぐし，最良の自分になろうという気にさせることもあります。悪い行いをする人を含め，あらゆる人を高めたいという思いは，成長の重要な要素です。
2. **自分自身**。たとえ自分を傷つけた相手が許しを受け入れなくても，許すという行為から，あなた自身が恩恵を受けるでしょう。もしかしたら，恨みや世の中への不信感が弱まり，もっと幸福を感じるかもしれません。心に愛を抱くことを選べば，以前よりも精神的に回復したと感じ（Salzberg 1995），元の自分に近づいたように感じるかもしれません。より安らかに眠れるようになり，もっと今に生きられるようになる可能性もあります。相手と自分の共通点である人間というものを考えるなかで，自分自身にもっと思いやりを持てるようになるかもしれません。また，自分の人生を支配しているのはもはや相手ではなく，自分自身だと気づくかもしれません。許しの目的は，自分を傷つけた一つの行為への対応を変えることだけではなく，より寛大で，愛に満ちた人間になることでもあります。どちらも成長の重要な要素です。
3. **ほかの人たち**。抑え込まれた怒りは，許すまで，家族を含むほかの人たちに――ときには数世代にわたって――ぶつけられがちです。許しを実践すれば，家族や世間の人たちを批判したり，いらだったり，批評したりする傾向を弱める手助けになります。許しの実践は，自分自身と他者をより肯定的に受け止めるのに役立ちます。

許しの方法

　最初に，許しが必要かどうか，そしてどのような行為に対して必要かを考えてください。

評価

　あなたにとっては許す必要性が，あるのでしょうか？　許す必要性は，以下の徴候からわかる場合があります。自分に当てはまるものにチェックを付けてください。

- ☐ うっ積した怒りまたは過剰な怒り（人生，家族，権威ある人物，自分を傷つけた人を思い出させる相手などへの怒り）を，見境なく爆発させたり，ほかの人にぶつけたりしてしまう
- ☐ 被害者意識があるか，裏切られたように感じる。自分の人生のありようを過去のせいにする
- ☐ 悪意や恨みを抱いている。自分を傷つけた相手に復讐すること，または相手を痛めつける

ことに取りつかれていない，思いくらせることばかり考えている。はらわたが煮えくり返っている

- ☐ 不機嫌である（冷笑的である，気分が沈んでいる，ものごとの悪い面ばかり見る，悲観的である，批判的である，疑い深い，不満感がある，自己防衛的である）
- ☐ 不平を言っている（人生は不公平だ，満足のいくものが何もない）
- ☐ 皮肉を言っている
- ☐ 罪悪感（自分がしたこと，あるいはしなかったこと，許していないこと，悪意を持っていることに対して）
- ☐ 不安，恐れ
- ☐ 疲労，緊張
- ☐ 自分が傷ついた出来事に関する夢
- ☐ おとしめられたように感じる。自尊心が低下した
- ☐ 人を避けたり，これ以上，傷つかないよう引きこもったり，ふてくされたりしている
- ☐ 痛みを鎮めている（アルコール，薬物，買いもの，ギャンブル，危険な行為，過剰な睡眠で）
- ☐ 批判に敏感である

自分が傷ついた過去の未解決の出来事を見つけ出す

　自分が傷ついた出来事と，それを犯した人（例えば，親，子ども，親戚，友達，パートナー，教師，同僚，権威ある人物，宗教関係者，近所の人など）を挙げてください。傷ついた出来事の例を以下に示します。

愛を与えてくれなかったこと――拒絶，育児放棄，遺棄，死，不貞

_____

_____

精神的，身体的，性的な虐待

_____

_____

悪意のない傷つけ

_____

_____

批判，いらだち，非難，怒号，叱責

_____

_____

侮辱したこと，または恥をかかせたこと

_____

_____

偏見

_____

_____

政治指導者による裏切り

_____

_____

人生の不公平さ

_____

_____

神

_____

_____

その他

_____

_____

許しの手段

この項では，役立つ三つの許しの手段を説明します。二つは許しのジャーナリング練習で，一つは許しの瞑想です。

許しのジャーナリング

自分で認めてもいない傷を癒すことはできません。まずは，一つの出来事，それも比較的ささいな出来事について書くことから始めるのがよいでしょう。批評はせずに，ただ理解を得るためだけに書き，最終的にはその出来事を乗り越えられるよう，感情を表出してください。以下は書いてほしい事柄です。

- **その出来事をめぐる事実**。自分を傷つけた人は誰か？ それは意図的だったのか？
- **その出来事があなたの人生に与えた影響**。結果的に生じた感情（怒り，羞恥心，感情の麻痺など），無邪気な心を失ったなどの何らかの喪失，人間観や世界観の変化，身体感覚や病気などを，率直に認めてください。
- **過去の傷との関連**。この出来事は，おそらく同じような感情や結果を引き起こした，過去の出来事を思い出させますか？
- **相手の状況**。ヘンリー・ワーズワース・ロングフェロー《詩人》は，「仮に自分の敵の秘められた歴史を読めるとしたら，敵意が氷解するほどの悲しみと苦しみが，どの人の人生にも見つかるはずだ」と書いています。苦しみは**あらゆる**人間の人生にあります。あなたを傷つけた相手は，あなたが考えていたより不幸だった可能性はないでしょうか？ その出来事があったとき，相手が心の痛みや不安を感じていた可能性はないでしょうか？ つらい過去の傷を引きずっていたり，他人の苦しみに気づかなかったりした可能性はないでしょうか？

    ネフは次のような問いを考えるよう提案しています（2011, 199）。「何があったせいで，彼らは思いやりを失ってしまったのか？ どのような傷を負ったせいで，あのような冷たく薄情な振る舞いをするようになったのか？ **彼ら**にはどのような歴史があるのか？」。このほかにも書きたいと思う事柄があるかもしれません。あなたを傷つけた人は今，あなたが思っているより不幸である可能性はないでしょうか？ 幸せで正常な精神状態の人は，わざと人を傷つけたりしません。人を傷つける人は，必ず自分も苦しみます。あなたやそれ以外の人を傷つけたことで，相手はどのように苦しんでいる可能性があるでしょうか（例えば，不信感や嫌悪感を持たれたり，罰を受けることを心配したり，自尊心が低下していたりするかもしれません）？ 悪い行いをしても，その人が価値を持っているのはなぜでしょうか？

- **あなたが担ったかもしれない役割**。そのときあなたが示した反応が，相手の行為を助長しませんでしたか？ 自分がしたこと，またはしなかったこと，あるいは批判と怒りを手放さずにいることに，あなたは許しを必要としていますか？ 自分自身を許す必要がありますか？（自分を許す方法は，ほかの人を許す方法と同じです）

- **許そうと誓うこと**。恨みを抱きつづけていても無益だと気づいたとき，あなたは違う方法を試そうと決心します。このとき許しという難しいプロセスを始めるのです。自分と周囲の人の苦しみを弱めるために，恨みを手放すことを決意します。自分を含めて，誰かを傷つける人間は不完全なのだと認め，あらゆる違反行為を罰する保安官の役目から自分を解放します。いかに不完全でも，不当な仕打ちに対して優しさを返そうと努力します。あまりにも長く背負ってきた重荷を下ろすために必要な作業を行おうと誓います。また，今後しようと思うことと，するまいと思うことも決めるかもしれません（例えば，「自分を傷つけた相手への怒りを手放すことを，最大限に誓います。その人について，優しい言葉を口にします。その人の中核的な価値は，その人の行動より深くて大きいものであること，その人と私には等しい価値があることを忘れないようにします。その人の幸せを願い，それを喜びとします」など）。

  もしかしたらあなたは，侮辱されても，自分の中核的な価値は変わらないと自分に言い聞かせるかもしれません。エンライト（2012）が説明していますが，報復したり，人に八つ当たりしたりせずに痛みに耐えることは，ガンディーやキング牧師やマザー・テレサがしたように，傷つけ憎み合う悪循環を断ち切って，世の中に愛を贈ることなのです。この贈りものをするには並外れた愛が必要です。自分自身への贈りものは，「自分の価値は変わっていない」と認識することであり，自分を傷つけた相手への贈りものは，「行動だけではその人を測れない」と認識することです。これは大変な強さと勇気が必要な行為で，ほかの人（例えば，わが子など）にとっての手本にもなります。許しのプロセスの最中に，（「あいつの首を絞めてやりたい！」といった）強烈な否定的感情がわいてきても，くじけないでください。自分を傷つけた相手に優しさを注ごうと，精いっぱい努力しましょう。自分の気持ちが徐々に変わっていくのを待ってください。

- **この出来事から実際に得られたか，今後，得られるかもしれない収穫**。報復せずに痛みを吸収できるほど，自分が強い人間だと気づきましたか？ 自分を許す必要性を以前より強く認識するようになりましたか？ 自分を含めて，過ちを犯す人間にもっと優しくする必要性をより強く認識するようになりましたか？ 人間という誤りを犯しやすい生きものに，もっと思いやりを持つ必要性を強く認識するようになりましたか？ 癒しを得る新たな方法を身につけましたか？ 人間関係の新たな修復方法を獲得しましたか？

許しの瞑想

　この効果的な瞑想（Salzberg 1995, 75）を試してみてください。毎日練習すれば，冷たい気持ちが優しい気持ちに変わる手助けになります。

1. **楽な姿勢で座ります**。目を閉じたほうがくつろげるのであれば目を閉じて，腹式呼吸をします。この瞑想中は急がずに，じっくり考える時間をとってください。
2. **ほかの人に許しを乞います**。「意図的であれ無意識であれ，もし私が誰かを傷つけたり，害を与えたりしたとすれば，私はその人の許しを乞います」と唱えてください。声に出しても，出さなくても，やりやすいほうで結構です。さまざまな人，イメージ，状況が意識に現れるたびに，

罪悪感という重荷を下ろして,「あなたの許しを乞います」と繰り返しましょう。
3. **ほかの人に許しを与えます。**「わざとであれ無意識であれ,もし誰かが私を傷つけたり,害を与えたりしたとすれば,私はその人を許します」と唱えてください。声に出しても,出さなくても,やりやすいほうで結構です。どのようなイメージが現れても,「私はあなたを許します」と繰り返します。
4. **自分に許しを与えます。**自分または人を傷つけるために自分がした行為——許せないということ自体を含む,愛のないあらゆる行為——を,何でも思い返してください。声に出すか,心の中で,「わざとであれ無意識であれ,自分で自分を傷つけたり,害を与えたりしたあらゆる行動について,私は許しを与えます」と唱えましょう。

静かに座ったまま,考えてください。許しを乞い,許しを受けるのはどのような感じですか？ ほかの人に許しを与えるのはどのような感じですか？ 日常的に許しを実践すると,あなたにとってどのように有益でしょうか？ 今後これらの問いや,以下の問いを,ジャーナリングの中でさらに考察してもよいでしょう。

- 痛みについて書いた結果,痛みに何らかの変化がありましたか？
- 痛みを避けたり復讐を求めたりするよりも,許すほうが,精神的な強さ,自信,過去からの解放,幸せを多く感じられますか？
- 思っていたよりも上手に精神的な痛みに対処できていますか？

注意事項

1. 忘れないでほしいのは,許さなくてもよいということです。心の準備ができないうちに許すのは賢明ではないでしょう。そのような場合は,許すかわりに,**私は許したいし,いつかは許すつもりだけれど,今はまだ準備ができていない**と考えてはどうでしょうか。まずはある程度の時間と癒しが必要かもしれません。
2. 許しは,二歩進んで一歩下がるようなプロセスかもしれません。怒りの感情が再びわいてきても,これまでの進歩が無になるわけではありません。努力を続けてください。
3. 自分を傷つけた相手に会うことが自分のためになるかどうかは,慎重に考えましょう。相手は物理的に会えない状態かもしれませんし,あなたの痛みにきちんと耳を傾けて応えられるほど,精神的に成熟していないかもしれません。このような場合は,自分の考えと感情を,相手には知らせずに,ただ書き綴るだけにしておくことを検討しましょう。

自分が苦しみを与えてしまった場合

自分の過ちを勇気をもって認め,相手の痛みを和らげたいと望んで許しを乞うことは,強く,謙虚で,優しい行為です。自分が与えた痛みについて,優しい受容の気持ちと共に,批判をせずに書き綴ってみてもよいでしょう (Pennebaker and Evans 2014)。

- 自分が担った役割，つまり，自分がやり損なった行為を認めましょう。
- その出来事の原因となった事柄についてよく考えましょう。出来事の前，最中，終りにおける，自分の考えと感情を振り返ります。
- 出来事の前，最中，終りの，相手の感情と考えを考察しましょう。相手と，その家族や友達に与えた影響も考えます。もし同じ出来事が自分に起きたらどう感じたか，思いを馳せてみてください。できれば，後悔の念を表出しましょう。
- 謝罪は癒しをもたらすことがあります。謝罪の言葉を書きましょう。以下のような言葉（Enright 2001）を用いるのも一つの方法です。
    - あなたを傷つけたことを，とても申し訳なく思っています。許してください。
    - あなたを傷つけるつもりはありませんでした。
    - 償うためにできることはないでしょうか？
    - 僕が悪かった。ごめん。許してほしい。
- 何をすれば傷つけた相手への償いに役立つか，考えましょう。

許しのまとめ

　トランが言ったように，許しは憎しみを愛に替えることです。愛することが人間性の中核にあるから，私たちは許すのです。許しは，他者の行為から影響を受けない精神的な強さを表します。たとえ人が自分を軽んじ，侮辱しても，私たちは許しを選択できます。許さなければ，憎しみを生かしつづけ，心を愛から閉ざし，怒りを周囲にまき散らして，自分やほかの人を傷つけることになります。

　許しは，傷を癒し，心を開いて，本来の自分に戻るのに役立ちます。許すとき，私たちはほかの人を自分と同じく傷ついた者と見なし，痛みに思いやりで応えます。つまり，本来の最良の自分から対応するのです。許しは，「私はまだここに元気にしていますよ。そして愛に満ちています。あなたのしたことのせいで，弱い人間になどなるものか」と言うことです。

　一方，自分が誰かを傷つけたときの許しとは，「過ちは自分の一部分にすぎないとわかっているから，私は自分を許す。自己非難よりも優しさを注いだほうが，自分は向上すると思う」と言うことです。

第32章
健全な楽しみを味わう

> 人生最大の難題は，人生をいかに楽しむかということである。
> ──ナサニエル・ブランデン（Nathaniel Branden）《心理療法家・著述家》

　2014年のギャラップ社の調査（Saad）によると，平均的なアメリカの成人は，常勤の場合，週に47時間働いており，余暇はほとんどありません。時間が足りないと，人は楽しみを味わえる活動をあきらめる傾向があります（Lewinsohn et al. 1986）。ストレスがたまり，楽しみを味わえないと，気分は沈みます。そして，気分が沈めば沈むほど自尊心はしぼんでいき，かつて楽しめた活動がまた楽しみを与えてくれるとは信じられなくなります。それで，気分と自尊心の回復につながるような，心を満たす活動をしなくなるのです。

　余暇がないと，自分を仕事や報酬と切り離して定義することが難しくなります。ハーヴァード大学の経済学者，ジュリエット・ショア（Juliet Schor 1991）によれば，イギリスのある工場の従業員が不景気のため残業をやめざるをえなくなったとき，心身の状態に回復が見られたそうです。週末や休暇を含めて時間的な余裕が生まれた結果，友人との交流が活発化し，人生の意味が明確になったのです。お金の魅力は弱まりました。扶養家族のいる従業員でさえ，ほぼ例外なく，新しいライフスタイルのほうがよいと感じました。

　ここで提示したいことは，人生で楽しみを見つけるというスキルは，大人が学んだり，学び直したり，強化すべきスキルだということです。このスキルは，さまざまな楽しい方法で自分自身を感じることにより，精神的なバランスを保ち，自尊心を高めるものです。もちろん仕事に楽しみを見いだすことはできないとか，見出すべきではないなどと言っているのではありません。ただ，現在の文化では人が仕事によって狭く定義されすぎてしまう傾向があると言っているのです。これから紹介する作業は，自分にとって何が楽しいかを発見または再発見し，そのいくつかを行う計画を立てるのに役立つはずです。

楽しい活動の予定を立てる

　この作業は，ピーター・レウィンソンら（Peter Lewinsohn and his colleagues 1986）が開発したものです。

1. 以下の「楽しいイベントスケジュール」には，多種多様な活動が挙げられています。かつてあなたが楽しんでいた活動があれば，第1欄にチェックを付けてください。そして，チェックを付けたその活動がどれだけ楽しかったかを，1～10の点数で評価してください。1が最低で，10が最高です。この評価も第1欄の，チェックマークの隣に記入してください。例えば，陽気な人たちと一緒にいるのはまあまあ楽しかったけれども，友人または親族と一緒にいるのは楽しくなかったという場合，最初の2項目は次のようになります。

　✓(5)　　　＿＿＿＿＿＿　1.　陽気な人たちと一緒にいること

＿＿＿＿＿＿　＿＿＿＿＿＿　2.　友人または親族と一緒にいること

楽しいイベントのスケジュール

社会的な交流とは，ほかの人と行うイベントです。これらのイベントを行えば，たいていの場合，自分が受け入れられているとか，高く評価されているとか，好かれているとか，理解されていると感じられます。なかには，ほかのグループに分類すべきだと感じる活動もあるかもしれません。覚えておいてほしいのは，分類のしかたは重要ではないということです。

第1欄　　第2欄

＿＿＿＿　＿＿＿＿　1. 陽気な人たちと一緒にいること
＿＿＿＿　＿＿＿＿　2. 友人または親族と一緒にいること
＿＿＿＿　＿＿＿＿　3. 好きな人たちについて考えること
＿＿＿＿　＿＿＿＿　4. 大切な人たちとの活動を計画すること
＿＿＿＿　＿＿＿＿　5. 同性の人と知り合うこと
＿＿＿＿　＿＿＿＿　6. 異性の人と知り合うこと
＿＿＿＿　＿＿＿＿　7. クラブやレストランや居酒屋に行くこと
＿＿＿＿　＿＿＿＿　8. 祝いの席（誕生日，結婚式，洗礼式，パーティー，家族の集まりなど）に出席すること
＿＿＿＿　＿＿＿＿　9. 友人と会って，昼食をとったりお酒を飲んだりすること
＿＿＿＿　＿＿＿＿　10. 率直に本音を話すこと（例えば，自分の希望や，不安，興味の対象，おもしろいこと，悲しいことなど）
＿＿＿＿　＿＿＿＿　11. 心からの親愛の情を（言葉か行動で）表現すること
＿＿＿＿　＿＿＿＿　12. ほかの人への関心を示すこと
＿＿＿＿　＿＿＿＿　13. 家族や友人の成功や長所を指摘すること
＿＿＿＿　＿＿＿＿　14. デートすること，口説くこと（この項目は既婚者も対象です）
＿＿＿＿　＿＿＿＿　15. にぎやかに会話を交わすこと

第1欄	第2欄	
_____	_____	16. 友人を家に招くこと
_____	_____	17. 友人の家を訪ねること
_____	_____	18. 楽しい人に電話をかけること
_____	_____	19. 謝ること
_____	_____	20. 人に微笑みかけること
_____	_____	21. 同居者と，問題について穏やかに話し合うこと
_____	_____	22. ほめたり，努力をねぎらったり，称賛したりすること
_____	_____	23. ふざけあうこと
_____	_____	24. 人を楽しませたり，笑わせたりすること
_____	_____	25. 子どもと遊ぶこと
_____	_____	26. その他：_____

「自分は優秀だ」とか，「愛情深い」「役に立つ」「たくましい」
「十分な能力を持っている」などと感じられる活動

第1欄	第2欄	
_____	_____	1. 難しい仕事に着手したり，それをうまく遂行したりすること
_____	_____	2. 新たな知識や技能を身につけること（例えば，家の修繕，趣味，外国語）
_____	_____	3. 人の手助けをすること（相談，助言，傾聴）
_____	_____	4. 宗教団体や慈善団体などに寄付すること
_____	_____	5. 上手に車を運転すること
_____	_____	6. 自分の考えを（口頭または文字で）明確に述べること
_____	_____	7. 何かを直すこと（裁縫や，車・自転車の修理など）
_____	_____	8. 問題やパズルを解くこと
_____	_____	9. 運動すること
_____	_____	10. 考えること
_____	_____	11. 会合（大きな会議や，仕事のミーティング，市民集会など）に出席すること
_____	_____	12. 病気の人や，外出できない人，困っている人を訪問すること
_____	_____	13. 子どもに物語を話して聞かせること
_____	_____	14. カードや手紙を書くこと
_____	_____	15. 容姿を磨く（医師または歯科医にかかったり，食生活を改善したり，理髪店や美容院へ行ったりする）こと
_____	_____	16. 時間の使い方を計画すること
_____	_____	17. 政治問題について話し合うこと
_____	_____	18. ボランティア，地域奉仕，その他の親切な行為をすること

_____ _____ 19. 支出の計画を立てること
_____ _____ 20. 不正に対して抗議したり，人を擁護したり，詐欺または虐待を阻止したりすること
_____ _____ 21. 正直であること，道義をわきまえること，誠実であること
_____ _____ 22. 過ちを正すこと
_____ _____ 23. パーティーを企画すること
_____ _____ 24. その他：_____

本質的に楽しい活動

第1欄　　第2欄

_____ _____ 1. 笑うこと
_____ _____ 2. リラックスして，心を落ち着かせること
_____ _____ 3. おいしい食事をとること
_____ _____ 4. 趣味をもつこと（料理，釣り，大工仕事，写真，演技，ガーデニング，収集）
_____ _____ 5. すてきな音楽を聴くこと
_____ _____ 6. 美しい景色を見ること
_____ _____ 7. 早寝し，熟睡し，早起きすること
_____ _____ 8. おしゃれな服を着ること
_____ _____ 9. 着心地のよい服を着ること
_____ _____ 10. コンサートや，オペラ，バレエ，演劇を鑑賞すること
_____ _____ 11. スポーツをすること（テニス，ソフトボール，ラケットボール，ゴルフ，蹄鉄投げ遊び，フリスビー）
_____ _____ 12. 旅行に出かけたり，休暇をとったりすること
_____ _____ 13. ショッピングをすること，または自分のために好きなものを買うこと
_____ _____ 14. 屋外で過ごす（ビーチに行く，田舎に行く，山に行く，落ち葉を蹴散らす，砂の上を歩く，湖面を漂う）こと
_____ _____ 15. 美術作品の製作（絵画，彫刻，素描）
_____ _____ 16. 聖書などの聖典を読むこと
_____ _____ 17. 自宅をきれいにすること（改装，掃除，庭仕事など）
_____ _____ 18. スポーツ観戦に行くこと
_____ _____ 19. 読むこと（小説，ノンフィクション，詩，戯曲，新聞）
_____ _____ 20. 講演を聞きに行くこと
_____ _____ 21. ドライブすること
_____ _____ 22. 日光浴をすること
_____ _____ 23. 美術館や博物館へ行くこと
_____ _____ 24. 演奏したり歌ったりすること

		25. ボートに乗ること
		26. 家族や友人や雇い主を喜ばせること
		27. 将来，起きるよい出来事を考えること
		28. テレビを見ること
		29. キャンプまたは狩猟をすること
		30. 身繕いをする（入浴する，髪をとかす，ひげを剃る）こと
		31. 日記をつけること
		32. サイクリングや，ハイキング，散歩をすること
		33. 動物と一緒に過ごすこと
		34. 人を観察すること
		35. 昼寝をすること
		36. 自然の音を聞くこと
		37. 背中のマッサージをしたり，してもらったりすること
		38. 嵐や雲や空を観察すること
		39. 暇な時間を持つこと
		40. 空想にふけること
		41. 人生の中に神の存在を感じること，祈ること，礼拝に行くこと
		42. 花の香りをかぐこと
		43. 思い出話をしたり，特に関心のある話題について語り合ったりすること
		44. オークションやガレージセールなどへ出かけること
		45. 遠出すること
		46. その他：＿＿＿＿＿＿＿＿＿＿＿＿＿＿＿＿＿＿＿＿＿

2. 次に，そのイベントを過去30日以内に行った場合は第2欄にチェックを付けてください。

3. （気分の良い日に）行えば楽しめそうなイベントの番号を，○で囲んでください。

4. 第1欄と第2欄を見比べてみましょう。以前は楽しんでいたのに，現在はあまり行っていないイベントが多いかどうかに注目してください。

5. 記入した表を参考にしながら，自分が特に楽しめると思う活動を25個リストアップしてください。

6. 楽しい活動をもっと行う計画を立てましょう。最初は，特に単純なものや確実に楽しめそうなものから始めます。楽しいイベントを，無理のない範囲でなるべく多く行ってください。毎日最低一つ，可能であれば週末にはもっと行うようにしましょう。計画をカレンダーに書き込み，それを最低2週間は実行しましょう。そして，一つの活動を行うたびに，楽しさの度合いを1〜5の点数で評価してください（5は非常に楽しいという意味です）。これによって，どんなことも楽しくないという，ストレスによる認知の歪みを検証できます。この評価を参考にして，後日，あまり楽しくな

い活動をほかのものと取り替えてもよいでしょう。

　注意：抑うつ状態にある場合，かつて好きだった活動ほど楽しみにくいと感じることがよくあります。特に，気分が滅入っているときに試して楽しめなかった経験があるなら，なおさらそう感じるでしょう。そういう人は，「好きなことさえ楽しめない」と思い，さらに落ち込むかもしれません。気分が晴れたら，こういった活動がまた楽しくなるでしょう。それまでは，とりあえず単純な活動から始めてください。そして気分が上向いたら，好きだった活動を少しずつ試していきましょう。

楽しむためのヒント

- 意識を実世界に向けましょう。頭に浮かぶいろいろな考えはあまり気にしないことです。風を感じましょう。あるいは，洗車をするなら，石けんの泡の手触りを感じましょう。ものを見，音を聞いてください。
- イベントを始める前に，あなた自身が楽しむ準備を整えましょう。イベントのどの部分を楽しむか，三つ考えてください。例えば，「日差しを楽しむ。そよ風を楽しむ。弟のウィルとの会話を楽しむ」と言う具合に。体の力を抜いて，この文章を繰り返しながら，そういった部分一つ一つを楽しんでいる自分を思い描いてください。
- 「この活動を楽しくするために，何をしようか？」と自分に問いかけてみてください。
- 試そうとしている活動を楽しめないのではないかと不安なら，その活動にいくつかの段階を設けてみてください。目標達成の満足感を味わえるように，ささやかなことから始めましょう。例えば，家全体を掃除したい場合，最初は10分だけ掃除をしたら，そこで打ち切ってください。そして，「よくやった！」と自分をほめるのです。
- 自分のスケジュールがバランスのとれたものかどうかを確認しましょう。自分が「したいこと」の余地を作るために，「すべきこと」を分散させることは可能ですか？
- 時間は有限なので，賢く使いましょう。ただ手軽だからという理由で，好きでもない活動をする必要はありません。

人生は捨てたものではないと思わせてくれる、ちょっとしたこと

私は先日のコラムで、私をイライラさせるちょっとしたこと、つまりけばけばしいナンバープレートや、きゃんきゃん吠える小型犬、べたべたする映画館の床などのことなどをリストアップした。ところがその後、私ほど怒りっぽくない人たちから、「同じ時間をかけて正反対のことをしてみなさい」と強く勧められたため、今日は違うリストを作ってみた。

- 秋に漂ってくる、落ち葉焚きの匂い。
- 凍えているとき浴びる熱いシャワー。
- 自宅に届けられたピザ。
- 混み合っているスーパーで、新しいレジを開けたという店員の声に真っ先に気づいた瞬間。
- 自動製氷器。
- 半年に1度、3歳の子どもが午前7時半まで眠っていてくれる日。
- 顧客サービス係からの、「ご心配いりません。それは保証の範囲内です」という返答。
- 夕食の席に着こうとしたちょうどそのとき電話が鳴ったものの、留守番電話にしていたことに気づいた瞬間。
- タオル地のバスローブ。
- 野球場に足を踏み入れたとき漂ってくる刈りたての草と……ポップコーンの入り交じった匂い。
- あなたが悲しんでいるのを察知して、慰めにくる犬。
- ルームサービス。
- どんなにくすんだ色の低木も鮮やかな色に変わる、春の間の2週間。
- 新聞を読む以外、何も予定のない日曜の朝。
- シカゴのオヘア空港で、自分の飛行機の搭乗口が322番などではなく、1番だとわかった瞬間。
- 温水プール。
- 10kmの渋滞が起きている対向車線を横目に、自分の車線はすいすい走れる日。
- 硬球が木製バットに当たったカーンという音。
- 晴れた日の動物園。
- 午後7時半に地平線すれすれに浮かんでいる、ディナー皿と同じ大きさの満月。
- レストランのドアからたった4歩で行ける駐車スペース。
- ほんの数分でできあがる写真現像サービス。

『プロヴィデンス・ジャーナル＝ブリテン』（Providence Journal-Bulletin）紙コラムニスト，マーク・パティンキン（Mark Patinkin）作成

- もうこの世にはうんざりだと思った後，予定表を見てみたら，以後5日間，夜の予定が何もないことに気づいた瞬間。
- 頭上で完璧な「V」字形をなして飛んでいる雁の群れ。
- 田舎で草の上に横たわり，これまで見たこともない明るさの星々を見上げるひととき。
- 電子レンジでできるポップコーン。
- 航空券担当者の，「エコノミークラスのチケットを売りすぎたので，あなたにはファーストクラスに移ってもらいます」という言葉。
- 野球の試合を生で見ながら食べるホットドッグ。
- 真っ赤な紅葉。
- 暑い日に吹く涼しいそよ風。
- 空港の手荷物受取所のベルトコンベアに，自分のスーツケースが最初に現れた瞬間。

（著者注：人生の素晴らしさを再認識できるこのリストが気に入った人は，バーバラ・アン・キッパー（Barbara Ann Kipfer）の『14,000の幸せの素』（*14,000 Things to Be Happy About*, 1990）もきっと気に入るでしょう）

第33章
つまずきに備える

　あなたはこれまでに，自尊心を育むためのスキルを数多く身につけたはずです。ただ，自尊心がいくら確固たるものであっても，とてつもない「失敗」や望ましくない出来事によって，それが「吹き飛んで」しまう可能性がないとは言えません。そこで，「失敗」を乗り切るためのスキルを身につけることがとても重要になります。それは，必ず訪れる人生の嵐の中でも強く安定した自尊心を保つためのスキルです。後で紹介する「ヘマに対する免疫」の練習は，ある意味で，これまでに学んだスキルのおさらいとも言えます。始める前に，まずあなたが「失敗」をどのように解釈しているか，見きわめましょう。

1. 人は（あなた自身を含めて）どんなことに失敗するでしょう？

2.「失敗」とは何を意味するのでしょう？

3.「失敗」に対処する手段として，失敗の最中と，事前，事後に，あなたの役に立ったことは何ですか？

　人はどんなことに「失敗」するでしょう？　考えられる答えをいくつか挙げてみます。

- 仕事
- 結婚生活
- 育児
- 学業
- 理想体重の実現
- 禁煙
- 道徳的規範を守ること

- 楽しむ時間を作ること
- 目標を達成すること

あなたはこれ以外の答えを思いつきましたか？

「失敗」とは何を意味するのでしょう？　考えられる答えをいくつか挙げてみます。

- 誰からも愛されないこと
- 拒絶されること
- 無能であること
- 自尊心を保てないこと
- 人間らしいということ

　これまでに，「失敗」への対処に役立ったのはどんなことでしたか？　この質問に対して一部の人からは，その失敗について話すことや，「失敗してもかまわない」と自分に言い聞かせること，失敗した場合には自分自身を許すこと，何年か後には大した問題ではなくなっていると理解すること，そして方向転換することなどが挙げられました。
　失敗の考え方や対処能力は，人によって大きく違うということがわかったでしょうか？

完璧に近づく

　これまでに見てきた概念を発展させながら，「失敗」について下の図と共に考えてみましょう。

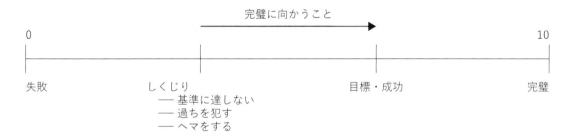

　「完璧」とは，欠陥も不備もなく，上の図の一番右端のところ，つまり完成しているということです。しかし人間は誤りを犯す生きものなので，完璧ということはありえません。ただそれに近づくことしかできません。それから「目標」または「成功」とは，幸せや快適さや成長のためにほしい対象を手にすることです。人間は常に最良の自分になる途上にあるため，「目標」または「成功」は，「完璧」よりいくらか左に位置します。これに対して，「収入の5％を貯金するという目標なら，完璧に達成することも可能ではないか」と言う人がいるかもしれません。でも，この例のような数値化できる計画は別として，目標はたいてい不完全にしか達成されないものです。つまり，その人がどれだけうまく成し遂げたとしても，理論的には改善の余地がありうるのです。「完璧に向かうこ

と」というのは，完璧への距離をさらに縮めることです。これは目標を達成しようとするとき，または目標を達成したときに，実現するものです。

人は，よく「自分はダメな人間だ」（つまり「自分はいつだって，あらゆることで失敗する」）という言葉を口にしますが，これは正確ではありません。実際には，「目標を達成できなかった」「目標に届かなかった」「過ちを犯してしまった」などと言うべきなのです。もっと正しく理解するために，ヒューバート・H・ハンフリー《Hubert H. Humphrey：1965年から1969年までのアメリカの副大統領》の名文句を少し言い換えてみましょう。「失敗としくじりの間には大きな違いがある。失敗というのは，しくじったのに学習も貢献も［まったく］しないことである」

ヘマに対処する

望ましくない出来事・行動があった場合や，基準に達しない場合，そして過ちを犯した場合などには，私は失敗よりも「ヘマ」という言葉を使いたいと思います。失敗よりもヘマのほうが深刻な感じがなく，一時的なことのように感じられます。それに，ヘマは中核ではなく，外的なものを表すからです。

スキルの練習に移る前に，もう一つ復習しておきたいことがあります。それは悲観的な考え方をする20代の男性は，40〜50代になったとき体の健康状態が悪くなるということが，研究によってわかったのです（Peterson, Seligman, and Vaillant 1988）。悲観的な男性は，望ましくない出来事が起きたとき，すべてを自分のせいにし，自分はこの先もまったく進歩しないだろうと考え，不運が人生のあらゆる領域に及ぶと思う傾向があったのです。例えば数学のテストで落第点をとった場合，悲観的な人は「原因は自分だ——自分がダメ人間なのだ。いつも数学のテストで失敗してしまう。ここぞというとき，本当に運が悪いのだ」と考えるでしょう。一方，楽観的な人——数十年後の健康状態がすぐれている人——は，「あの日は普段より体調が悪かった。これは一回限りの出来事だ。これで人生がめちゃくちゃになるわけではない」と考えるかもしれません。薬物嗜癖者のうち，つまずいた後に嗜癖が再発する人と立ち直る人の間にも，このような考え方の違いがよく見られます。

こういった研究を参考にして，つまずきへの対処のガイドラインを作成することができます。

1. 過ちを認めましょう。責任を否定しないでください。否定などするよりも，過ちの修復策に意識を集中させましょう。つまり，何を**する**必要があるかを考えるのです。

2. その出来事を別の角度から見直しましょう。自己を責めると，自尊心とやる気が損なわれるので，外的な要因に焦点を合わせてください。例えば，「自分のどこがいけないのだろう？」（答えは簡単です——人間は不完全なのです！）と思うのではなく，外的な要因（疲れ，準備不足，経験不足など）に注目しましょう。

何かを「完全な失敗」とは考えず，「チャンスはきっとまたある」と自分に言い聞かせてください。「ヘマ」をしでかした後は，以下のような問いを自分に投げかけてみましょう。

- うまくいった事柄もあっただろうか？
- 望みが叶わないことの利点は何だろうか？
- このことから学べる対処スキルは何だろうか？
- 自分が気に留めなかったような危機的兆候があっただろうか？
- 似たような出来事が再び起きるとしたら，どうすればそういった兆候にもっと早く気づけるだろうか？

ヘマに対する免疫：練習

　上記のものを含め，ガイドラインは役に立つ場合があります。今から，これらを実際に応用していきましょう。以下に紹介する練習は，心理学者ドナルド・マイケンバウム（Donald Meichenbaum 1985）が開発したストレス免疫訓練から作ったものです。マイケンバウムによれば，ストレスを生じる出来事に遭遇する前・最中・後に考えるべき言葉や，とるべき行動を練習しておけば，ストレスに備えられるといいます。少量の注射で病気への免疫ができるのと同じように，安全な想像の中でストレスに少しずつ接することで，ストレスへの「免疫」ができるというわけです。以下の練習では，ストレスの生じる出来事を，「ヘマをする」可能性とします（例えば目標に達しないとか，過ちを犯す，悪い成績をとる，批判されたとき自尊心のスキルを使うことを忘れるなど）。

ステップ１
　以下に挙げた自分への言い聞かせのうち，過ちやつまずきへの対処法のレパートリーに入れるとよさそうなものに，チェックを付けてください。

過ちやつまずきの前に言う言葉

_____ 成功したら楽しいだろうが，そうならなくても，この世の終わりというわけではない。

_____ これに関しては初心者だから，コツをつかむまでいつもより少し慎重にいこう。

_____ これを問題や脅威と思うのではなく，新たな挑戦と考えよう。

_____ これは贈りもの（チャンス，冒険，挑戦）であって，問題ではない。

_____ 不安がったり自分を疑ったりせずに，好奇心をもって取りかかろう。

_____ よい仕事をするように心がけよう。完璧さにこだわって，これもつらいだけの経験にするのはやめよう。

_____ 私にはほかの人と同じように，これを試してみる権利がある。

_____ 小さなステップや，ちょっとしたことの中に成功を探すようにしよう。100％の結果を出さなければ意味がないという，厳しい要求を自分に課すのはやめよう。

_____ すべての事実や結果に絶対的な自信や確信がないまま取りかかろうとしているが，それでもかまわないのだ。

_____ 私には，自分にとって何が最善かを判断し，弁解せずに自信を持ってそれを実行する権利がある。

_____ 自分の行動がもたらしそうな結果を冷静に考えよう。

_____ 過度に過ちを気にしなければ，もっと創造力を発揮できるだろう。

_____ 私にとって重要なのは成長であって，過ちではない。

_____ 試行錯誤は悪いことではない。

_____ 最良だと思われる道を選ぼう。

_____ リラックスして，さまざまな方法と，それがもたらしそうな結果を考えよう……。そのうえで，できる限りよい選択をしよう。

_____ 私は楽観的で，あらゆる可能性に心を開いている。

_____ この課題は私に何を要求してくるだろう？ 現実的に見て，私は何を与えることができるだろう？

_____ うまくやるためには，完璧である必要はない。

_____ 挑戦して，全力を出してみるのは楽しいかもしれない。

_____ 私の価値は内面から来るのだから，リスクを冒し，基準に達しなくても怖くはない。

_____ 起こりうる最悪の事態は何だろう？

最中に言う言葉

_____ これは難しい。リラックスして，課題に集中しよう。

_____ 一歩一歩，作業を進めていこう。ささやかな成功を喜ぼう。

_____ 完璧な状況ではないことは残念だが，破滅的状況というわけでもない。

_____ 誰だって過ちを犯すし，不完全な部分を持っている。自分だけは違うと決めてかかる理由はない。

_____ こういった欠点を克服し，直そうとする努力は大切だ。

_____ 肩の力を抜いて，プロセスも，アクシデントもすべて楽しもう。

_____ 私は神ではない。人間だ。不完全でもかまわないのだ。最善を尽くそう。

_____ プロセスを重視しよう。結果は自ずとついてくるはずだ。

_____ 一歩ずつ，作業を進めていこう。

_____ ユーモアを忘れないようにしよう。ユーモアがあれば自分は望むほど立派ではないが，それほどダメ人間でもないということを，思い出せるだろう。

_____ この過ちのおかげで，今の自分の限界がわかる。

後に言う言葉

_____ 私には弱みがあった。しかし，それは過去のことだ。今とは違う。

_____ 私はこれに関しては初心者にすぎない。そして，初心者はときどき過ちを犯すことを覚悟しておかなければならない。

_____ これは私の今後の人生を暗示しているわけではない。

_____ 私は希望を持っている。

_____ 私は状況を理解する責任は引き受けるが，必ずしも自分の非を認めるとは限らない。自分を非難することは決してしない。

_____ 私の判断と行動はまずかったが，**私という人間**がダメなわけではない。

_____ しかたがない。さて，どうするか？ 今とれる選択肢は何だろう？

_____ これで弱みがわかったけど，これは私の一部分であって，すべてではない。

_____ 弱い部分というのはまだ不完全な部分だ。でも，私の中核は価値ある人間だ。

_____ こういう部分があるからこそ，私は自分が大好きなのだ。

_____ 私はそれでも自分を見捨てない。この時期を乗り切るまで，ずっと自分の味方でいる。

_____ 私は自分に不完全なことがあっても，自分を愛する勇気を持っている（これは成長するための基盤だ）。

_____ 何があったとしても，私には価値があるし，貴重で唯一無二の存在だ。

_____ 自分がときどきこんなふうになってしまうことを，私は認める。これには自分でもがっかりする。でも，何かしら手を打つことはできる。

_____ 私は，自分がときどき陥るこの状態を受け入れるし，そういう不完全な部分も愛している。この愛に守られてこそ，不完全な領域で成長することができるのだ。

_____ どんなに惨憺たる結果に見えたとしても，なかにはうまくいったことだってあった。どのような結果であれ，それによって知恵と経験が得られた。

_____ もっと幸せになれるように，方向転換をしよう。

_____ 私には学習能力がある。変化し，成長することもできる。

_____ 私は自分の将来を築くことができる。

_____ 私は過去の経験を活かして，それを強みに変えることができる。

_____ 私には，日一日と向上し，成長する権利がある。

_____ 私には過ちを犯す権利がある。私はその過ちを認めて，人間として可能なだけの修復を行なう能力を持っている。

_____ この事態も，やがては過ぎ去るだろう。

_____ これは私がよりよく，賢く，強い人間になるのに役立つだろう。

_____ 私には自分の方向を修正する権利がある。

_____ 私はこの過ちをきっかけに，自分の行動に目を向け，正すべき部分を知ることができる。

_____ これは実際には失敗ではなく，成功に向けた努力なのだ。（ベイブ・ルースから着想を得た言葉）

_____ 「失敗した」ではなく，次のように考えよう。まずい選択をした，まずい判断をした，道を踏み誤った，出だしを誤った，一時的に道を見失った，ささいなことだ，基準に達しなかった。

_____ 私はこのことから学習し，次はもっとうまくやれるだけの能力を持っている。

_____ 過ちを犯すと，改善すべき点，正すべき点，うまくいっていない点がわかる。

_____ 次はもっと賢くやろう。

_____ 過ちを犯すからこそ，私はほかのみんなと同じく，人間らしい，誤りから逃れられない生きものなのだ。

_____ 確かに，私はこれを台無しにしてしまった。でも，初めは成功しなくても……

_____ 確かに，私は10％の割合でドジを踏む。でも，あとはかなりうまくやっている。

_____ たとえ今はまだ見えなくても，このことにはプラスの面もある。

_____ あんなばかげたことをしたのに，まだ希望を持っていられるなんて，すごいことではないか？

_____ 私は一つの弱点や欠点のために，ときどき自分をまるごと非難することがあるが，これはなんとも滑稽なことではないか？

_____ 私は過ちを犯したのであって，私自身が過ちであるわけではない。

_____ 今回の過ちが私のすべてではない。私の人生の歴史には，ほかにもいろいろな要素が詰まっている。

_____ 私は過ちを犯してしまった。今すぐよい行動パターンに戻ろう。

_____ 以前はうまくやった。またうまくやれるはずだ。

_____ 私は事態が好転すると信じている。

_____ この件に対処したのだから，ほかの難題にも対処できる。

_____ この出来事があったからといって，この世が終わるわけではない。

_____ 地位を失っても，私という人間が終わるわけではない。

_____ 明日になれば，日が昇る。

_____ 覆水盆に返らず。あれはもう過去のことだ。

_____ すっかりあきらめてしまうまでは，誰も「ダメ人間」などではない。

_____ 私は2度も──1度は周囲の状況に，もう1度は自分自身に──打ちのめされたりはしない。（ローウェル・ベニオン《Lowell Bennion: 教育者・カウンセラー・人道主義者》から着想を得た言葉）

_____ そのうち，私も進歩するだろう。チャンスはまた巡ってくるはずだ。

_____ これは困難でややこしい仕事だった。それがいっそう難しくなったのは，自分の経験不足（指導または手助けの欠如，雑音，天気，気温，妨害物，自分はこの仕事ができそうにないという思い，あるいはその他の厄介な事情）のせいだ。

_____ 次回のために，何を学んでおくのがいいのか？

_____ すべてをコントロールすることはとてもできない。

_____ 「失敗は出来事であって，決して人間のことではない」（ウィリアム・D・ブラウン博士《William D. Brown：心理学者》）

_____ 「やれやれ！ これで私も一つ賢くなりそうだ」（ハロルド・「ドック」・エジャートン《Harold "Doc" Edgerton：科学者》）

_____ 失敗は終点ではない。もう一度，最初から始めればよい。

_____ 何年か後にも，このことにこだわっている人がいるだろうか？

ステップ2

自分の行動が目標に満たなかったときのために，その前と，最中と，後に，忘れずに自分に言いたい言葉を15種類，書きましょう。上のリストの中の言葉でなくてもかまいません。

「前」に言う言葉

1.

2.

3.

4.

5.

「最中」に言う言葉

1.

2.

3.

4.

5.

「後」に言う言葉

1.

2.

3.

4.

5.

　これから3日間,「ヘマをする可能性」のある出来事を毎日一つずつ選びましょう。そして15分かけて,「ヘマ」の前・最中・後に考えることを頭の中でリハーサルしてください。
　ドクター・スース著『きみの行く道』(1990) は,現実的な楽観主義や,失敗との向き合い方をとてもおもしろく,深みのある形で描いています。ぜひ読んでみてください。

第34章
成長についてのまとめ

　これまで私たちは，自尊心の第三の基盤，つまり「成長すること」に関する重要な考え方とスキルを見てきました。あなたが学んだキーポイントと，練習したスキルを振り返ってみましょう。

行動的な考え方

1. 成長することは継続的なプロセスであって，完了することは決してない。
2. 成長のプロセスは愛する方法の一つである。成長のプロセスは，価値と愛という確固とした精神的基盤から始まるので，満足感をもたらす。
3. 感情面では，このプロセスは次のような状態である。「私の心は喜んでいて，成長しつつあること，つまりさらに向上しつつあることを恐れていない」。
4. 向上は難しい。大変な努力を覚悟しなければならない。
5. 成長は，競争するものでも比較するものでもない。進路もペースも自分で選べる。減量計画や運動と同じく，一生維持できるペースを選ぶのが賢明である。
6. 成長することは，自己とともに他者も引き上げることである。
7. 成長は，自分を高める行動規範と楽しみを実践することから生じる。
8. 成長することは階段を上ることであり，ただ単に特定の場所に到達することではないので，自尊心を感じるためには到達する必要はない。ただ心の中で，自分が正しい道を前進していることを認識していればよい。

獲得したスキル

1. 「たとえ私は完璧ではないとしても，それでもなお」のスキル
2. ちょっとした遊び（可能性に思いを巡らせる）
3. 愛に満ち，恐れのない，詳細で，率直な倫理的棚卸し
4. 自分自身と他者を許すこと

5. 楽しい活動の予定を立てること
6. ヘマに対する免疫

　これらの重要な考え方やスキルを強化するために，少し時間をとって以下の質問に答えてみてください。まずは学んできたことを復習するために，成長に関する前のページを振り返りたくなるかもしれません。

1. 上記の考え方の中で，あなたにとって特に有意義だったものは何ですか？

2. 上記のスキルの中で，特にもう一度，使いたいと思うものは何ですか？

3. 今あなたにとって必要なものは何ですか？　ここで紹介したスキルのうち，もっと時間をかけて取り組みたいものがありますか？　もしあれば，ぜひ時間を割いて取り組んでください。

エピローグ
全体を振り返って

　人はみな，さまざまな意味で奇跡と感じられるほど精緻に創られています。満足と喜びを感じながら成長できるよう，このことを静かに認識し，感謝することが大切です。

　過ちを自分の本質だと思わないようにしてください。人から受けた批判や，目標に達することができなかった経験，過去に受けた心の傷，経済力や地位の欠如など，外的な要因で自分を特徴づけてはなりません。どの人も，一面的な特徴づけができないほど尊く複雑な存在なのです。

　この本の中で，私たちは自尊心を確立するさまざまなスキルを見てきました。どんなスキルもそうですが，自尊心に関するスキルもまた，獲得するのに時間がかかりますし，維持するためには実践する必要があります。なかには，それほど意識しなくても生活に組み込めるスキルもあるかもしれません。一方で，計画的に時間をとって練習しなければならないスキルもあるでしょう。

　面倒がらずに，これらの役立つスキルの一つ一つをときどき反復してください。予想外の出来事によって自尊心が少し揺らいだなら，必ずこの本を開き，自分に効果があったスキルを練習してください。一度，自尊心を確立できたのなら，また確立できるはずです。

　ほかの重要な健康習慣と同じく，自尊心の確立と維持にもやはり継続的な作業が必要です。ただし，ほかのよい習慣と同様，自尊心に関するスキルも，いったん身につければ深く体にしみついて，簡単に使えるようになります。

　この本の要点をまとめ，あなたにとって特に重要なスキルを強化するため，本書全体を見返して，特に覚えておきたい考え方とスキルを下に記してください。逆境にあるとき，このリストは手軽な備忘録の役目も果たすでしょう。

覚えておきたい考え方

覚えておきたいスキル

謝　辞

　先人が築いた知識を借りなければ，どんな人も，ものごとを明確には理解できません。
　私が最初に感謝したいのは，メリーランド大学の社会学教授，故モリス・ローゼンバーグです。ローゼンバーグ博士の理論づけと，きめ細かい研究，そして指導が，自尊心に関する私自身の考え方に計り知れない刺激を与えました。また，故スタンリー・クーパースミス博士にも感謝しています。クーパースミス博士の独創的な研究とローゼンバーグ博士の研究とが相まって，本書の理論的基礎となったのです。
　クローディア・ハワードにも深い謝意を表します。クローディアが忍耐強く私と対話し，理論的洞察と実際的なアイディアを示してくれたおかげで，私の考えはずっと高い域に達することができました。
　思考を趣味にすることを教えてくれた，健康・人間能力学部の元学部長ジョン・バート博士にもお礼を申し上げます。「人間のストレスと緊張について知る方法」をバート博士と共同で教えることで，私はストレスと自尊心に関する理論を初めて実践に移すことができました。
　また，メリーランド大学の学生にも感謝しています。年長の方も若い方も，自尊心について教えることの理論と実践を洗練させる手助けをしてくれました。
　第5章の内容に影響を与えた認知理論家と認知療法家にも謝意を表します。アルバート・エリスはABCモデルや，ささいな出来事を大惨事のように考えること，そして「べき」思考といった概念の生みの親です。アーロン・ベックは「自動思考」という用語や，「歪み」という用語，認知療法で現在使われている思考の歪の大半，基本的な（中核的な）信念という概念，そして思考と歪みと気分を記録するというアイディアを編み出しました。デビッド・バーンズはベックの理論を非常に使いやすく応用した，『いやな気分よ，さようなら』という本を著しました。また，第15章のヒントをくれた，以下の方々にも多大な感謝の意を表します。ラッセル・M・ネルソン（『私たちが秘めている力』The Power Within Us），L・シュロスバーグとG・D・ズイデマ（『ジョンズ・ホプキンズ大学による人間の機能解剖学図解』The Johns Hopkins Atlas of Human Functional Anatomy），ナショナル・ジオグラフィック・ソサエティ（『人体の神秘』），J・D・ラトクリフ（『私はジョーの……』I Am Joe's...のシリーズ）。
　その他の先駆的な研究者と実践家のおかげで，この版では大幅に内容が拡充されました。セルフ・コンパッション，愛に満ちた優しさ，書くことによる感情表現，そして許しについて，それぞれ思慮深い取り組みを行っているクリスティーン・ネフ博士，シャロン・サルツバーグ，ジェイムズ・ペネベイカー博士，ロバート・D・エンライト博士に感謝します。

そして，聖人のような忍耐力でこの原稿を作成してくれたベヴ・モニスと，初版の美しいグラフィック——この版のグラフィックの原型——を製作してくれたキャロル・ジャクソンにも大いに感謝しています。

　最後に，私を励ましてくれたニュー・ハービンジャー・パブリケーションズの誠実な素晴らしい方々全員，特にパトリック・ファニング，ジュエリ・ガストワース，ケイシー・ファフ，エイミー・シャウプ，ミシェル・ウォーターズに，心からの感謝の念を伝えたいと思います。

付　録

付録1
苦しむ人に対する援助のガイドライン

以下のモデルは，どうすればストレス症状を軽減できるか，そして自尊心と健康回復がどう関係するかを示しています。

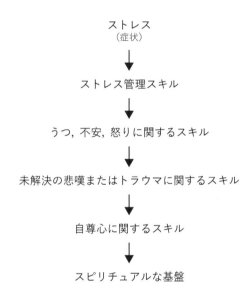

ストレスを管理する

「ストレス」はかなり漠然とした言葉です。ストレスを感じている人は，単純な緊張のほか，頭痛，疲労，興奮，集中力の問題，不眠，気分の動揺，思い悩むといった症状を示したり，高血圧や月経前症候群（PMS）といった病気になったりする恐れもあります。

そこでまずは，これらの症状の背景に内科的原因のある可能性はないか，その除外診断があればそれを治療をしなければなりません。よくある内科的原因としては，睡眠時無呼吸，甲状腺疾患，歯周病，高コレステロール，糖尿病などが挙げられます。ストレス症状を強める物質は，避けるか，最小限に抑えた方がよいでしょう。例えば，ニコチン（抑うつと不安症状を著しく強めます），過剰なカフェインまたはアルコール，娯楽用の薬物，一部の薬剤——抗コリン作用薬，刺激薬など——

がそれに当たります。抗コリン作用薬には，抗ヒスタミン薬，精神安定薬，睡眠薬，三環系抗うつ薬が含まれます。このような薬剤を減らすか，ほかの薬剤または薬以外の治療法に変更する方法を，主治医と相談してください。

それを行ったのなら，ストレス症状はたいてい，従来のストレス管理スキルを使って軽減できます。そのスキルとは，例えば体系的な弛緩訓練（漸進的筋弛緩法，瞑想，自律療法，腹式呼吸，イメージ療法など）や，時間管理，コミュニケーション・スキル，睡眠衛生，運動・食事の調整，ヨガなどの対処方略です。このような方略はほぼすべての人に非常に有効です。もし十分な効果が得られなければ，援助者は，隠れている抑うつや，不安，過剰な怒りがないか調べるとよいでしょう。

抑うつ，不安，怒り

内科的原因の可能性が排除または治療された場合，うつ病では，認知療法で習得したスキル，あるいは認知療法と抗うつ薬の併用によく反応します。

抑うつ，不安，問題のある怒りの症状などが複数があると，さまざまな内科的疾患を発症しうるので，これらの症状を治療することが重要です。一般的に，抑うつ，不安，怒りは，「今ここ」に意識を集中する対処スキル（認知療法または現在の心配ごとについて記述することなど）で治療できます。従来のストレス管理スキルも補助手段として有効です。

未解決の悲嘆またはトラウマ

上記の方法が十分効果を上げなかった場合や，隠れた問題が見つかった場合，援助者は未解決の悲嘆とトラウマの問題に取り組むことになるでしょう。臨床上うつ病や不安を訴えて専門家のカウンセリングを求める人の少なくとも15〜20％は，症状の根底に未解決の悲嘆またはトラウマを抱えていると見られています。未解決の悲嘆とトラウマは，子どもまたは親の死，身体的または性的な虐待，親による遺棄，身体の切断，事故，犯罪，戦争，政情不安，強姦，失業などの，多岐にわたる出来事から生じる可能性があります（Worden 1982）。児童期の有害な経験が未解決のままだと，成人後にさまざまな心理的，内科的，機能的問題を生じうることが，現在わかっています。症状としては感情麻痺，抑うつ，不安，怒り，過活動，身体的ストレス，侵入思考または悪夢，不眠，意図的な自傷，解離などを示す場合があります。どのトラウマにも，喪失が——無邪気な心を失ったことであれ，四肢を失ったことであれ——関係しています。ウォーデンは，悲嘆と癒しのプロセスを完了させ，前に歩き出すのに役立つ能動的な課題をいくつか挙げています。ヴェトナム戦争以降，私たちはトラウマ経験者が忘れられない記憶と折り合いをつけ，回復するのを助ける，きわめて効果的なさまざまな方法を発見しました。『PTSD資料集』（The Post Traumatic Stress Disorder Sourcebook）では，治療の選択肢を概説しています。トラウマ治療は非常に効果的ですが，専門的な訓練が必要です。シドラン心的外傷性ストレス研究所が，お住まいの地域でトラウマの専門家を見つける手助けをしてくれるでしょう（どちらも「お薦めの情報源」に載っています）。従来のストレス管理スキルはとても有用ではありますが，悲嘆とトラウマ問題の治療には通常，効果が十分ではありません。

自尊心を回復する

　一般に，人が健全な状態に戻ったと感じるためには，損なわれた自尊心を回復させなければなりません。例えば，性的虐待の犠牲者が恨みと復讐欲を手放せるようになるには，ふつう自己価値感を感じる必要があります。絶えず怒っていて自己防衛の過剰な人は，精神的な安心感を持てば批判に耐えやすくなるでしょう。自尊心のダメージは，症状を生む危険因子にもなりうるし，何らかの症状の結果として生じることもあります。例えば自己嫌悪は，うつを生じやすくさせる場合があります。しかも，うつは仕事の妨げになることが多いため，さらに自己嫌悪を強めがちです。いずれの場合も，自尊心を高めれば，たいていは症状の軽減に役立ち，回復を助けるでしょう。トラウマによって自尊心が損なわれた場合は（例えば，強姦の被害者が自分を無価値なモノのように感じている場合），自尊心のスキルを効果的に習得および利用できるようになる前に，まずトラウマから回復する必要があるでしょう。

スピリチュアルな基盤が持つ力

　スピリチュアルな基盤とスキルは，前掲の図のどの段階でも，症状の軽減に役立ちます。例えば，神の無限の愛を理解している人は，自己や他者を愛し許すことを比較的たやすいと感じるかもしれません。すべての人を大切に思えば，無条件の人間の価値が理解しやすくなるでしょう。やましさのない穏やかな心や，許し，そして永遠という時間的視点によって，ストレス，心配，不安，抑うつが軽くなる場合もあります。スピリチュアリティと宗教的慣習は，多くの研究で，心身のよりよい状態と関連していることが示されています。

備考

- 高い技術を持つ専門家によって症状の軽減を促すことができますが，最終目標は自己管理です。つまり最終的には苦しんでいる本人が，症状の再発を予防したり，再発しても症状の程度を軽くしたり，最適な健康状態を取り戻したりするのに役立つスキルを身につけることです。

- この援助モデルは変更不可能なわけではなく，柔軟なものです。例えば，その人の症状が明らかに重い臨床的うつ病に起因しているなら，精神保健の専門家はおそらく，第一段階として従来のストレス管理戦略を用いたりはしないでしょう。むしろ，症状を速やかに軽減する積極的な方法——抗うつ剤の投与か電気けいれん療法など——を試すはずです。認知行動療法とストレス管理は，その後，導入すればよいでしょう。トラウマの履歴を探った結果，未解決のトラウマが見つかり，PTSDの診断が下された場合，PTSDの治療が最優先事項になるでしょう。

- スピリチュアルな慣習や宗教的慣習は，トラウマからの回復を促すことがわかっていますが，トラウマが感情を——スピリチュアルな感情も含めて——麻痺させてしまうことがあります。ときには，トラウマを治療することが，スピリチュアルな感情を取り戻す助けになる場合もあります。

- 非常に多くのストレス症状の根底には，自尊心の問題があります。そのため，自尊心は共通項と呼ばれることもあります。低い自尊心が症状の原因であれ結果であれ，自尊心のスキルは症状の軽減に役立つ場合が多いでしょう。ただし，自尊心のスキルを使うからといって，必要な方法をすべて用いるバランスのとれた包括的な治療計画が不要なわけではありません。

付録2
自己を許す

　どんな行動が正しく，どんな行動が誤りかという価値基準は，ほぼすべての文化に存在します。宗教において「罪」と言えば，そういった規範に反する行動を指します。「罪悪感」は，特定の行動が誤りであることを気づかせ，その行動を回避する動機を与えます。この付録では「健全な罪悪感」を取り上げます。健全な罪悪感とは，規範が妥当で，人が自分の行動に適切な責任を負うことを意味します。それ以上でもそれ以下でもありません。健全な罪悪感を否認すれば，ほかのあらゆる感情を否認した場合と同様，悪影響を及ぼします。現代心理学でよく使われる「羞恥心」という言葉は，その人が中核までダメな人間だという不健全な認識を表します。

　「改悛」には，元の状態に戻るという意味があります。改悛すると，清められた状態に戻りますが，その最大の特徴は神の許しです。改悛の方法について神学者たちの意見は概ね一致しています。

1. 自分がその行動をとったことと，それが誤った行動だったことを認めましょう。
2. 自己と――その行動によって誰かが傷ついた場合は――ほかの人にダメージを与えたことを認めましょう。苦痛，悲しみ，失望，共感を覚え，その感情と行動との関係をしっかり認識するのは建設的なことです。
3. 誤りを犯したという認識と，その行動が招いた結果に対する認識，そしてダメージに対する当然の悲しみを，神（とその行動の影響を受けた人）に告白しましょう。
4. 可能な場合は償いをしましょう（例えば，何かを盗んだのなら，返します。人の気持ちや自尊心を傷つけたのなら，謝ります）。
5. その行動をやめましょう（つまり，もう二度としないと決意して，再発防止に必要な手段をとります）。
6. 敬虔な生活をすることを誓いましょう。"holy"（敬虔な）という言葉は"health"（健康）と同じ語源を持っていて，完全さや統合，そして価値基準と行動の一致を意味します。

　改悛のプロセスを最後まで実行しても，自己を許しがたいと感じる人もいるでしょう。そういう人には，次のような考え方が役に立つかもしれません。

　誤った行動は外的なものです。こういった行動は中核を覆い，まるで水面に張った汚れた薄膜のように，光の出入りを遮るかもしれません。そのため，その人は自分が中核まで真っ暗で無価値であるように**感じる**かもしれません。しかし，この感覚は現実を反映してはいません。正しい解釈を

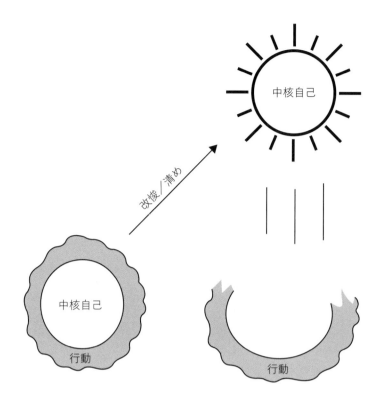

するようにしてください。悲しみを感じても，その感情は中核的な価値を批評しているのではなく，変えるべき行動を批評しているのです。悲しみを「無価値」という批評だと解釈する衝動には，断じて抵抗しましょう。改悛を成し遂げれば，その行動から解き放たれて，中核的な価値を再びもっと正しく感じられるようになります。

　その行動を思い出すことはあっても，苦痛はおさまります。

　第二次世界大戦中に強制収容所に送られ，生還したヴィクトール・フランクル（Viktor Frankl 1978）は，こう書いています。「罪悪感を覚えることは人間の特権であり，罪悪感を克服することは人間の責任である」。自分に向かって，次のように問いかけてみましょう。手元にはどれだけのものが残っているだろう？　責任を受け入れるために，積極的にとれる行動は何か？　自分を高めるためにとれる行動は？　過去・現在・未来を有意義にするためにとれる行動は何か？

付録3
愛をもって過去を癒す

どんな人も，人生においてつらい出来事を経験したことがあるものです。もしかしたら，あなたは今もこういった出来事に苦しめられ，自尊心を十分感じ得ていないのかもしれません。ここで紹介するのは，心を癒し，感情的に強くなり，つらい感情を手放して，前へ進むのに役立つスキルです。癒しをもたらす最大の要素は，愛です。

この練習を行うかどうかは，あなたの気持ち次第です。なぜなら，過去の出来事の苦痛をなくしたいと強く望み，そうすることで大いに癒される人もいますが，過去のことはまったく思い出したくない人や，思い出すなら精神保健の専門家の力を借りたいという人もいるからです。

方法

1. 約30分間，誰にも邪魔されない静かな場所を見つけます。
2. 今もなお苦痛を感じる出来事を特定します。それは以下のような場面かもしれません。
   - 誰かがあなたを傷つけたり，侮辱したりした場面（例えば，冷たい言葉や，批判，虐待，いじめ，あざけりなど）
   - 自分はひとりぼっちだ，無視された，拒絶された，見捨てられたと感じた場面
   - 自分自身の行動や能力に失望した場面（例えば，途方に暮れて，どう対処すればよいかわからなかったとか，自分の行動が倫理的に誤っていたなど）
3. このつらい場面を経験した人物を，あなたの**若い自己**と呼びましょう。
4. 現在の自己，つまり当時よりも豊かな経験と知恵と愛を持っている自己を，**賢い自己**と呼びましょう。
5. あなた，つまり賢い自己が時間をさかのぼり，つらい出来事が起きた時点に戻る光景を想像してください。あなたは若い自己に近づきます。若い自己は顔を上げ，あなたを見ます。目が合うと，互いに対する親近感と信頼が感じられます。若い自己はあなたの言葉に耳を傾けようとします。
6. 若い自己と対話を始めます。「何に悩んでいるの？」と若い自己に尋ねましょう。若い自己はその出来事の事実と感情を伝えます。あなたは強い共感と理解をもって話を聞きます。
7. 「何があれば楽になる？」と尋ねてみてください。言葉や沈黙で表現される答えを，耳と心で一生

懸命聞き取りましょう。若い自己が何を必要としているかを感じ取って，それを提供しましょう。必要なものの例を以下に挙げてみます。

- 共感。つまり，「私は理解しているからね。あなたは一人じゃないよ」という気持ち。
- 指導。例えば最近学んだ「**それでもなお**」のようなスキルを教えてあげられるかもしれません。
- 支えと励まし。例えば，「これまでにどんな経験と練習を積んできたかを考えれば，あなたはよくやっているわよ！」とか，「状況は必ずよくなるから！」とか，「あなたはこの試練を切り抜けられる。私はそれを知っているの」など。
- 物理的な手助けまたは保護。例えば，若い自己と，いじめっ子または虐待者との間に割って入る場面を想像するのもよいでしょう。
- アドバイス。一緒に考えましょう。二人の経験と知恵を活用して，解決策を出し合いましょう。

    * 若い自己が，子どもで，虐待されていたとしたら，「そんなふうに私を扱わないでちょうだい」と言ってみるよう助言するのもよいかもしれません。そして賢い自己は子どものそばに立って，子どもを守り，支えましょう。

    * 若い自己が成人の場合で，批判ばかりする上司に苦しんでいたとすれば，その上司に，「おっしゃりたいことはわかります。でも私はあなたに手助けしていただきたいのです。よい部分も指摘してくだされば，私はもっと速く成長できると思います」と主張する方法もあります。

    * 若い自己が誤った行動または倫理にもとる行動をとったのなら，どんな倫理基準や行動が人の成長を促すかを一緒に考えるとよいかもしれません。若い自己に，その賢明な倫理基準や行動を思い出させる光景を想像してください。また，そういった行動のとり方を指導する光景も想像してください。そして，若い自己がその行動や，その他の有益な行動を実際にとる姿を見ましょう。有益な行動とは，謝ることや，誤った行動が引き起こしたダメージへの悲しみを表すこと，償うこと，優しさを表現することなどです。若い自己に，新たな行動がもたらす穏やかな気分を味わわせ，それがどんな感じか，現在の自己に伝えさせてください。こちらのほうが賢明な道であることを保証しましょう。

- 愛。これが最も重要です。愛を伝えるには，以下のような方法があります。

    * 目を合わせて，愛に満ちた，穏やかで受容的な目で見つめましょう。

    * 愛に満ちた言葉（例えば，「私はあなたが大好きよ」）を口にしましょう。

    * 相手を抱きしめましょう。

    * 相手の気持ちをなだめるように，体に触れましょう。

8. 若い自己に，私は「未来へ戻る」けれども，あなたに対する愛は消えないからね，と伝えましょう。

9. 意識を現在に戻しましょう。「あのときは本当につらかった。でも私は自分のことが大好き」といった，「**それでもなお**」に似た言葉を使ってください。癒しとなる愛の感情を心に染み入らせ，自分を包むようにしましょう。

この練習を，毎日違う出来事を題材にしながら，計4日間，繰り返しましょう。さらに効果を高めるために，それぞれの出来事を記録するようお勧めします。書くことは，過去を客観視し，距離を置くのに役立ちます。また書くことで，解決策もさらに効果的で強力なものになるのです。

　この練習をする日は，気分が落ち込むことに気づくかもしれません。でも，その後はたいてい，この練習をしはじめる前より気分が明るくなります。いわば腫れものを切開するときのように，回復を促すためには多少の苦痛を味わわなければならないのです。

　私がかつて教えた学生は，子どもの頃，よく母親から父親についての辛辣な悪口を聞かされていた記憶がありました。しかし，幼少時に母親とデパートに行ったとき父親の悪口を言ったところ，母親に激しく体を揺さぶられ，「お父さんのことをそんなふうに言うんじゃありません」と怒鳴られたのです。大人になった今も，学生はこのとき受けたショックと傷の深さを覚えていました。そこで，この出来事を練習の題材に選んだのです。

　この練習の中で，賢い自己は，母親にこう尋ねなさいと子どもに教えました。「なぜ私を怒鳴ったの？　私は，ママから言えと教えられた言葉を口にしただけなのに」。賢い自己は子どもを守りましたが，そのとき母親の瞳に苦痛が浮かんでいることに気づいたため，母親を抱きしめました。その後，賢い自己は子どもに，「もし自分と一緒に今現在に戻ったら，素晴らしい経験ができなくなっちゃうわよ」と言い聞かせました。それから，石を一つあげました。これは子どもを慰めるためでもあったし，子どもに対して感じた愛のしるしでもありました。

イメージのもつ洞察力

　イメージ——現在の自己が若い自己と会話している場面の想像など——は，過去のつらい場面に驚くべき洞察や解決策をもたらすことがあります。若い自己を通じて母親と会話した上記の女性の話は，過去の出来事に取り組み直し，痛みを愛で包んで締めくくった格好の例です。

　この練習を行うことに決めた場合は，4日間の終わりに以下の作業を行ってください。

1．これまでに学んだ原則とスキルを一日かけて振り返ってみてください。
2．特に有意義だと思ったスキルを3日間，使ってみてください。

　こうすれば，落ち込んだ気分を回復させ，意識を現在に戻すのに役立ちます。

お薦めの情報源

自尊心と無条件の愛

Petrie, A., and J. Petrie. 1986. *Mother Teresa*. Petrie Productions, DVD. 無条件の愛，許し，信仰に関する普遍的メッセージが散りばめられた，見応えあるドキュメンタリー。

Schiraldi, G. R. 2007. *Ten Simple Solutions for Building Self-Esteem*. Oakland, CA: New Harbinger.《邦訳『自信をはぐくむ：ポジティブな自分を確立する認知療法メソッドとマインドフルネス』中森拓也訳，創元社刊》自尊心を高めるために，マインドフルネスとACT（アクセプタンス＆コミットメント・セラピー）と従来の心理学的方略を組み合わせています。

Seuss, Dr. 1990. *Oh, the Places You'll Go!* New York: Random House.《邦訳『きみの行く道』いとうひろみ訳，河出書房新社刊》人間の成長と間違いやすさに関するユーモラスな物語。あらゆる年齢の人に強く訴えかけるメッセージが詰まっています。

心臓コヒーレンス

カリフォルニア州ボルダークリークにあるハートマス研究所（800-711-6221, http://www.heartmath.org, http://www.store.heartmath.com）は素晴らしい情報源で，書籍，ビデオ，音楽のほか，ハートマス・スキル実践中にリアルタイムで心拍をモニターできる手頃な価格の技術も提供しています。自分の心臓コヒーレンスが向上するのを見ると，とても意欲がわいてきます。

心臓コヒーレンスに関する非常に有益な書籍を以下に挙げます。

Childre, D., and D. Rozman. 2003. *Transforming Anger: The HeartMath Solution for Letting Go of Rage, Frustration, and Irritation*. Oakland, CA: New Harbinger.

Childre, D., and D. Rozman. 2005. *Transforming Stress: The HeartMath Solution for Relieving Worry, Fatigue, and Tension*. Oakland, CA: New Harbinger.

セルフ・コンパッション

Neff, K. 2011. *Self-Compassion: The Proven Power of Being Kind to Yourself*. New York: William Morrow.《邦訳『セルフ・コンパッション：あるがままの自分を受け入れる』石村郁夫，樫村正美訳，金剛出版刊》厳しい自己批判と批評のかわりに，優しさを持つ方法を学びましょう。セルフ・コンパッションに関する本を1冊だけ買うとしたら，これがお薦めです。そのほか，Dr. Christopher Germer著の *The Mindful Path to Self-Compassion*（2009）もとても参考になります。ネフ博士の優れたウェブサイト http://www.self-compassion.org も，セルフ・コンパッションに

関する良質の尺度や練習や瞑想を紹介しています。

Salzberg, S. 1995. *Loving-Kindness: The Revolutionary Art of Happiness.* Boston: Shambhala. 愛に満ちた優しさの瞑想の優れた概説書です。この瞑想はセルフ・コンパッションを補うもので，精神的健康を改善することがわかっています。

ジャーナリング

Pennebaker, J. W. 1997. *Opening Up: The Healing Power of Expressing Emotion.* New York: Guilford Press.《邦訳『オープニングアップ：秘密の告白と心身の健康』余語真夫監訳，北大路書房刊行》ペネベイカー博士の最初の著書。名著です。

Pennebaker, J. W., and J. F. Evans. 2014. *Expressive Writing: Words That Heal.* Enumclaw, WA: Idyll Arbor, Inc. 子ども時代または成人後の経験で受けた心の痛みを言葉にすると，なぜ苦痛が弱まるのか，理由を説明しています。ジャーナリングを効果的にする方法について，多くの提案を掲載。

許し

Enright, R. D. 2001. *Forgiveness Is a Choice: A Step-by-Step Process for Resolving Anger and Restoring Hope.* Washington, DC: American Psychological Association.《邦訳『ゆるしの選択——怒りから解放されるために』水野修次郎監訳，河出書房新社》読む価値が大いにあります。

Enright, R. D. 2012. *The Forgiving Life: A Pathway to Overcoming Resentment and Creating a Legacy of Love.* Washington, DC: American Psychological Association. 許しとは，恨みを手放し，傷つけた人と傷つけられた人双方の心の穴に思いやりを注ぎ，許す人や，その家族と仲間，そしてときには傷つけた人にも恩恵をもたらす，往々にして難しい道のりである——と許しの研究の第一人者はそう説明しています。有意義で実践的な方法を多数掲載。

トラウマ

Schiraldi, G. R. 2016. *The Post-Traumatic Stress Disorder Sourcebook.* New York: McGraw-Hill. 性的虐待，強姦，テロ，戦争といった，トラウマを残す出来事にさらされると，自尊心が損なわれることがあります。この本は，当事者を混乱させるPTSDの症状をわかりやすく説明し，その症状の出現がいかに自然なことかを示します。さまざまな効果的な治療法と利用可能な資源も紹介します。

メリーランド州ボルティモアのシドラン心的外傷性ストレス研究所（410-825-8888; http://www.sidran.org）は，PTSD専門の心理療法家を見つける手助けをしてくれるほか，役立つ資料などを提供しています。

回復力(レジリエンス)

回復力トレーニング・インターナショナル（www.ResilienceFirst.com）は，ストレス関連病の予防，回復の促進，そして最大限の健康と能力発揮を目的とした，スキル主体の回復力訓練を実施しています。回復力と自尊心は密接に関わり合っています。グレン・シラルディ博士がこの機関を立ち上げ，所有しています。

幸福

世界中どこでも，幸福と自尊心は密接に関わり合っています。幸福に関する私のお気に入りの書籍を2冊紹介します。

Brooks, A. C. 2008. *Gross National Happiness: Why Happiness Matters for America—and How We Can Get More of It.* New York: Basic. 一流の研究者が，大規模で信頼できるデータベース──主に最近の研究──を用いて，政治，家族，宗教的価値観など，幸福に関わるテーマについて結論を引き出しています。

Lyubomirsky, S. 2008. *The How of Happiness: A Scientific Approach to Getting the Life You Want.* New York: Penguin.《邦訳『幸せがずっと続く12の行動習慣』金井真弓訳，日本実業出版社刊》確かな研究と，幸福度を高める実践的で実証済みの方法を見事に組み合わせた本。

学術書の名著

さまざまなレベルの自尊心の原因と結果を扱った，初期の学術書に興味がある人は，以下の書籍を参照するとよいでしょう。

Coopersmith, S. 1967. *The Antecedents of Self-Esteem.* San Francisco: Freeman.

Rosenberg, M. 1965. *Society and the Adolescent Self-Image.* Princeton, NJ: Princeton University Press.

「第二版」への監訳者あとがき

　先に金剛出版社より，『自尊心を育てるワークブック：The Self Esteem Workbook』（初版）を翻訳出版したが，本書は，その初版につづく第二版の翻訳書である。初版に続いて本書（第二版）を翻訳したのは，初版の内容が興味ある面白い本だと思ったことにある。そこで，本書（第二版）の翻訳をも手がけたが，この二版も初版同様興味あるものであった。特に以下に挙げるような二版の特色は興味を引くものであった。

1. 本書は，認知・行動療法の立場からの「健全な自尊心の形成」のためのワークブックであるが，その「まえがき」にあるように，初版発行後も著者は関連分野の研究動向に注目しながら，それらの研究にみる実証的な根拠のもとに，初版に加筆・修正を積み重ねて書きあげた力作であり，その内容は初版をさらに質，量ともに凌駕した充実した内容のものである。
2. 本書は，認知・行動療法の立場から自尊心を構成する諸要因を具体的に捉えなおし，そこから「健全な自尊心の形成」に資する具体的な治療手法を実証的に検証しようとする興味ある内容である。自尊心に関して，このような認知・行動療法からのアプローチの在り方は，今後の臨床研究，臨床実践に一石を投じることが期待される。
3. 本書の内容は非常に具体的，実践的で面白く，理解しやすい。しかも本書による治療実践は，専門家に頼らずとも自学自習により実施可能なものである。
　　このことは，しばしば治療の障害になるクライエントの経済的，地理的，時間的な問題等の解決策ともなろう。また自尊心の問題のように自己開示しづらい心理的に微妙な問題に取り組む場合にもメリットとなる。これらのこと以上に自律的な自助治療等の習得こそは，これからの医療が目指す自己管理による医療につながるものである。
4. 本書は，先にも述べたように「健全な自尊心」の形成について認知・行動療法の立場から編纂されたワークブックである。よって本書にあるワークを繰り返し実践することで，認知・行動療法の理論的な考え方や，治療技法等も自然に習得されよう。したがって，あまり構えずに気楽に認知・行動療法を学びたいという読者には，本書はその入門書の一冊ともなろう。
5. 最後に初版にはないが，本書（第二版）にあるcontentsで注目したいものに「セルフコンパッション（self-compassion）」がある。これは「健全な自尊心の形成」にとって礎となる重要な要因とされ，最近注目されているものである。

　ただ，現在のところ我が国で広く馴染みのあるところまでには至ってはいないが，コンパッションについては今後，我が国でも自尊心の研究をめぐって重要な概念として関心が向けられよう。

以上，第二版（本書）について初版とも比較しながら，監訳者なりに本書の内容で興味をもったところを述べてきたが，本書は非常に豊富な内容を持つだけに，当然，読者が本書に目を通すと，またそこには異なる見方があろう。したがって，ここに取り挙げたことは，読者が本書に目を通されるときの参考になれば幸いである。

　参考までに本書に対する読者の評価であるが，自尊心を維持し高めるための基本図書として全米で80万部にもおよぶ発行部数をみているベストセラー書である。

　おわりに本書の翻訳出版にあたって立石正信氏（金剛出版代表取締役）に大変なご助成を頂きました。心から謝意を表する次第です。
　また第二版翻訳にあたられた柳沢圭子氏にも厚くお礼を申し上げます。

　2018年12月

監訳者　高山　巖

旧版のあとがき

　本書は，書名にあるように「健全な自尊心を形成するためのワークブック」である。
　さまざまな問題行動なり，あるいは不適応状態の背景に，「自己を認めることのできない自尊心の欠如が深く根差している」ことは心理臨床に携わっている人なら，誰しもしばしば経験するところであろう。
　つまり，このことは健全な自尊心こそが健全な心身の重要な基盤をなすものであるといえる。それだけに，いかにして健全な自尊心を形成するかという問題は，臨床心理の分野において，きわめて重要な課題であるといえよう。
　しかし，健全な自尊心を形成するには，自尊心を形成するものがどのようなものからなっているのか，それを具体的にとらえる必要があるが，自尊心という概念自体が，かなり抽象的で複雑な概念であることから，それを具体的にとらえるのは，かなり難しいのも事実である。
　したがってクライエントの自尊心を形成し，それを高めることの重要性は心理療法家なら認識していても，健全な自尊心をどのようにして育てるのか，つまり，どのような方法が自尊心の形成において効を奏するのかという問いに対しては，今日，この問題に対して直接アプローチするような手法は十分に体系化されているとは言いがたいところであろう。
　このような状況にあって，最近，自尊心の形成に関係しているであろうと考えられる諸要因を行動レベルでとらえ，それらに直接具体的に働きかける試みとして認知行動療法からのアプローチが注目されるようになってきている。
　しかし，これら認知行動療法による自尊心形成へのアプローチは，対人関係の要因に力点をおくソーシャルスキル訓練や自己表明訓練などを強調するもの，自己否定的な自動思考の修正に力点をおくもの，問題解決力の形成や帰属スタイルの修正などにアプローチするものなど，さまざまであるが，本書はそれらの自尊心の形成に行動レベルで関与していると思われる認知行動療法の諸研究成果を総合した，自尊心形成のために体系化したガイドブックといえるものである。したがって，本書に見る自尊心の形成手続きは，一貫して学習の原理に基づく認知行動療法的なものであるが，このことに加えて，本書の特色とするところは，次のような主張を中核的な大前提としている。
　それは人間の価値は比較したり，獲得したり，競い合ったりするものではない。人間としての価値はみな平等であり，その価値は人間が本質的に備えているという前提に立つ。
　つまり，人は無限で不変の価値を備えているものであり，それが人の成長の基盤としてあり，それは生まれながらに備えている絶対的な価値である。このような中核的自己という抽象的な概念を中心にして，本書は自尊心形成のための認知行動療法的な技法を展開しているが，この前提こそは，本書を読み進むにつれて，われわれの自尊心の形成に大きな意味を持つものであることが理解されよう。
　これらの主張にはカールロジャース等の心理療法にも一脈通ずるところがあるように思う。
　本書の訳出にあたり，柳沢圭子さんには一方ならぬご協力をいただいた。記して感謝申し上げる。

参考文献

Alexander, F. G. 1932. *The Medical Value of Psychoanalysis*. New York: Norton.
Borkovec, T. D., L. Wilkinson, R. Folensbee, and C. Lerman. 1983. "Stimulus Control Applications to the Treatment of Worry." *Behavior Research and Therapy* 21: 247–50.
Bourne, R. A., Jr. 1992. "Rational Responses to Four of Ellis' Irrational Beliefs." Unpublished class handout presented by the Upledger Institute, Palm Beach Gardens, FL.
Bradshaw, J. 1988. *Healing the Shame That Binds You*. Deerfield Beach, FL: Health Communications, Inc.
Briggs, D. C. 1977. *Celebrate Yourself: Making Life Work for You*. Garden City, NY: Doubleday.
Brothers, J. 1990. "What Really Makes Men and Women Attractive." *Parade*, August 5.
Brown, S. L., and G. R. Schiraldi. 2000. "Reducing Symptoms of Anxiety and Depression: Combined Results of a Cognitive-Behavioral College Course." Paper presented at Anxiety Disorders Association of America National Conference, Washington, DC, March 24.
Burns, D. 1980. "The Perfectionist's Script for Self-Defeat." *Psychology Today*, November, 34–51.
Burns, G. 1984. *Dr. Burns' Prescription for Happiness*. New York: G. P. Putnam's Sons.
Canfield, J. 1985. "Body Appreciation." In *Wisdom, Purpose, and Love*. Santa Barbara, CA: Self-Esteem Seminars/Chicken Soup for the Soul Enterprises. Audiocassette.
———. 1988. "Developing High Self-Esteem in Yourself and Others." Presentation at the Association for Humanistic Psychology, 26th Annual Meeting, Washington, DC, July.
Childers, J. H., Jr. 1989. "Looking at Yourself Through Loving Eyes." *Elementary School Guidance and Counseling* 23: 204–9.
Childre, D., and D. Rozman. 2003. *Transforming Anger: The HeartMath Solution for Letting Go of Rage, Frustration, and Irritation*. Oakland, CA: New Harbinger.
———. 2005. *Transforming Stress: The HeartMath Solution for Relieving Worry, Fatigue, and Tension*. Oakland, CA: New Harbinger.
Coopersmith, S. 1967. *The Antecedents of Self-Esteem*. San Francisco: Freeman.
Cousins, N. 1983. *The Healing Heart*. New York: Avon.
Davidson, R. 2007. "Changing the Brain by Transforming the Mind: The Impact of Compassion Training on the Neural Systems of Emotion." Paper presented at the Mind and Life Institute Conference, Investigating the Mind, Emory University, Atlanta, GA, October.
De Mello, A. 1990. *Taking Flight: A Book of Story Meditations*. New York: Image Books.
Diener, E. 1984. "Subjective Well-Being." *Psychological Bulletin* 95: 542–75.
Durrant, G. D. 1980. *Someone Special Starring Everyone*. Salt Lake City, UT: Bookcraft Recordings. Audiocassettes.
Enright, R. D. 2001. *Forgiveness Is a Choice: A Step-by-Step Process for Resolving Anger and Restoring Hope*. Washington, DC: American Psychological Association.
———. 2012. *The Forgiving Life: A Pathway to Overcoming Resentment and Creating a Legacy of Love*. Washington, DC: American Psychological Association.
Frankl, V. 1978. *The Unheard Cry for Meaning*. New York: Simon and Schuster.
Fredrickson, B. L., M. A. Cohn, K. A. Coffey, J. Pek, and S. M. Finkel. 2008. "Open Hearts Build Lives: Positive Emotions, Induced Through Meditation, Build Consequential Personal Resources." *Journal of Personality and Social Psychology* 95: 1045–62.
Gallup Organization. 1992. *Newsweek*, February 17.
Gallwey, W. T. 1974. *The Inner Game of Tennis*. New York: Random House.
Gauthier, J., D. Pellerin, and P. Renaud. 1983. "The Enhancement of Self-Esteem: A Comparison of Two Cognitive Strategies." *Cognitive Therapy and Research* 7: 389–98.
Greene, B. 1990. "Love Finds a Way." *Chicago Tribune*, March 11.
Hafen, B. 1989. *The Broken Heart*. Salt Lake City, UT: Deseret Book.

Howard, C. A. 1992. Individual Potential Seminars, West, TX, August.

Hunt, D. S., ed. 1987. *Love: A Fruit Always in Season*. Bedford, NH: Ignatius Press.

Hutcherson, C. A., E. M. Seppala, and J. J. Gross. 2008. "Loving-Kindness Meditation Increases Social Connectedness." *Emotion* 8: 720–4.

Kipfer, B. A. 1990. *14,000 Things to Be Happy About*. New York: Workman Publishing.

Lazarus, A. A. 1984. "Multimodal Therapy." In *Current Psychotherapies*, 3rd ed., edited by R. J. Corsini. Itasca, IL: Peacock.

Leman, K., and R. Carlson. 1989. *Unlocking the Secrets of Your Childhood Memories*. Nashville: Thomas Nelson.

Levin, P. 1988. *Cycles of Power*. Deerfield Beach, FL: Health Communications, Inc.

Lewinsohn, P. M., R. F. Munoz, M. A. Youngren, and A. M. Zeiss. 1986. *Control Your Depression*. New York: Prentice Hall.

Linville, P. W. 1987. "Self-Complexity as a Cognitive Buffer Against Stress-Related Illness and Depression." *Journal of Personality and Social Psychology* 52: 663–76.

Lowry, R. J., ed. 1973. *Dominance, Self-Esteem, Self-Actualization: Germinal Papers of A. H. Maslow*. Monterey, CA: Brooks/Cole.

Maslow, A. 1968. *Toward a Psychology of Being*. 2nd ed. New York: Van Nostrand Reinhold.

Maxwell, N. A. 1976. "Notwithstanding My Weakness." *Ensign*, November. http://www.deseretnews.com/article/705384602/Notwithstanding-My-Weakness—Nov-1976-Ensign.html?pg=all.

Mecca, A., N. Smelser, and J. Vasconcellos. 1989. *The Social Importance of Self-Esteem*. Berkeley: University of California Press.

Meichenbaum, D. 1985. *Stress Inoculation Training*. New York: Pergamon.

Michelotti, J. 1991. "My Most Unforgettable Character." *Reader's Digest*, April, 79–83.

Montegu, A. 1988. "Growing Young: The Functions of Laughter and Play." Paper presented at the Power of Laughter and Play Conference, Toronto, Canada, September.

National Geographic Society. 1986. *The Incredible Machine*. Washington, DC: National Geographic Society.

Neff, K. 2011. *Self-Compassion: The Proven Power of Being Kind to Yourself*. New York: William Morrow.

Neff, K. N. D. Self-Compassion. http://www.self-compassion.org.

Nelson, R. M. 1988. *The Power Within Us*. Salt Lake City, UT: Deseret Book.

Nouwen, H. J. M. 1989. *Lifesigns: Intimacy, Fecundity, and Ecstasy in Christian Perspective*. New York: Image Books.

Office of Disease Prevention and Health Promotion. *2015–2020 Dietary Guidelines for Americans*. US Department of Health and Human Services. http://health.gov/dietaryguide lines/2015/guidelines/

Patinkin, M. 1991. "Little Things That Make Life Worth Living." *Providence Journal-Bulletin*, April 24.

Pennebaker, J. W. 1997. *Opening Up: The Healing Power of Expressing Emotion*. New York: Guilford Press.

Pennebaker, J. W., and J. F. Evans. 2014. *Expressive Writing: Words That Heal*. Enumclaw, WA: Idyll Arbor, Inc.

Pepping, C. A., P. J. Davis, and A. O'Donovan. 2016. "Mindfulness for Cultivating Self- Esteem." In *Mindfulness and Buddhist-Derived Approaches in Mental Health and Addiction*, Advances in Mental Health and Addiction Series, edited by E. Y. Shonin, W. van Gordon, and M. D. Griffiths. Basel, Switzerland: Springer International.

Pepping, C. A., A. O'Donovan, and P. J. Davis. 2013. "The Positive Effects of Mindfulness on Self-Esteem." *Journal of Positive Psychology* 8: 376–86. doi: 10.1080/17439760.2013.807353. Peterson, C., M. Seligman, and G. Vaillant. 1988. "Pessimistic Explanatory Style as a Risk Factor for Physical Illness: A Thirty-Five-Year Longitudinal Study." *Journal of Personality and Social Psychology* 55: 23–27.

Petrie, A., and J. Petrie. 1986. *Mother Teresa*. San Francisco, CA: Dorason Corporation. DVD.

Piburn, S., ed. 1993. *The Dalai Lama a Policy of Kindness: An Anthology of Writings by and about the Dalai Lama/Winner of the Nobel Peace Prize*. Ithaca, NY: Snow Lion Publications.

Pippert, R. M. 1999. *Out of the Salt Shaker and into the World: Evangelism As a Way of Life*. Downers Grove, IL: Intervarsity Press.

Ratcliff, J. D. 1967–74. "I Am Joe's . . . " series. *Reader's Digest*.

Richards, S. L. 1955. *Where Is Wisdom? Addresses of President Stephen L. Richards*. Salt Lake City, UT: Deseret Book.

Rogers, F. M. 1970. *It's You I Like*. Pittsburgh, PA: Fred M. Rogers and Family Communications, Inc.

Rorty, R. 1991. "Heidegger, Kundera, and Dickens." In *Essays on Heidegger and Others*. New York: Cambridge University Press.

Saad, Lydia. 2014. "The '40-Hour' Workweek Is Actually Longer—by Seven Hours." Gallup, August 29. Available at http://www.gallup.com/poll/175286/hour-workweek-actually-longer?-seven-hours.aspx?g_

source=average%20hours%20 worked& g_medium=search&g_campaign=tiles).

Salzberg, S. 1995. *Lovingkindness: The Revolutionary Art of Happiness*. Boston: Shambhala.

Schab, L. M. 2013. *The Self-Esteem Workbook for Teens*. Oakland, CA: Instant Help Books.

Schiraldi, G. R., and S. L. Brown. 2001. "Primary Prevention for Mental Health: Results of an Exploratory Cognitive-Behavioral College Course." *Journal for Primary Prevention* 22: 55–67.

Schlossberg, L., and G. D. Zuidema. 1997. *The Johns Hopkins Atlas of Human Functional Anatomy*. 4th ed. Baltimore: Johns Hopkins University Press.

Schor, J. 1991. "Workers of the World, Unwind." *Technology Review*, November/December, 25–32.

Seuss, Dr. 1990. *Oh, the Places You'll Go!* New York: Random House.

Shahar, B., O. Szsepsenwol, S. Zilcha-Mano, N. Haim, O. Zamir, S. Levi-Yeshuvi, and N. Levit-Binnun. 2015. "A Wait-List Randomized Controlled Trial of Loving-Kindness Meditation Program for Self-Criticism." *Clinical Psychology and Psychotherapy* 22: 346–56. doi: 10.1002/cpp.1893.

Sharapan, H. 1992. Associate Producer, Family Communications, Inc., Pittsburgh, PA. Personal communication, August 20.

Sonstroem, R. J. 1984. "Exercise and Self-Esteem." In *Exercise and Sports Sciences Reviews*, vol. 12, edited by R. L. Terjung. Lexington, MA: The Collamore Press.

Tamarin, A., ed. 1969. *Benjamin Franklin: An Autobiographical Portrait*. London: MacMillan.

Thayer, R. E. 1989. *The Biopsychology of Mood and Arousal*. New York: Oxford University Press.

Worden, J. W. 1982. *Grief Counseling and Grief Therapy: A Handbook for the Mental Health Practitioner*. New York: Springer.

著者について

　グレン・R・シラルディ博士は，アメリカ国防総省，国際惨事ストレス財団，メリーランド大学でストレス管理を教えた経歴を持っています。メリーランド大学での優秀教員賞など，教育とサービスに関わる数々の賞を受け，ストレス関連の著書は15カ国語に翻訳されています。その文章力は，『ワシントン・ポスト』紙，『アメリカン・ジャーナル・オブ・ヘルス・プロモーション』誌，『マインド／ボディ・ヘルス・レビュー』誌，『国際ストレス緊張抑制学会ニュースレター』など，さまざまな学術誌や一般紙誌から認められています。

　最大限の精神的健康と能力を引き出すこと，そしてストレス関連病を予防し回復を促すことを目標として，これまで世界中の一般市民と臨床家に，回復力とトラウマの諸側面について教育してきました。スキルを中心に据えた，メリーランド大学での心身に関する各講座は，回復力，自尊心，楽観性，幸福度，好奇心を高め，抑うつ，不安，怒りを弱めることが認められました。

監訳者略歴
高山 巖 | たかやま いわお

医学博士　臨床心理士
略歴　鹿児島大学卒業後，鹿児島大学助手（医学部），宮崎大学名誉教授，吉備国際大学名誉教授
著訳書　子どもの臨床行動療法（川島書店），子どもの対人行動（岩崎学術出版社），うつ病の対人行動治療（岩崎学術出版社），自尊心の発達と認知行動療法（岩崎学術出版社），子どもの社会的スキル訓練（金剛出版），実践ストレスマネージメント（金剛出版），心理学辞典（有斐閣），カウンセリング実践への道（角川学芸出版社）　他

訳者略歴
柳沢圭子 | やなぎさわ けいこ
［第二版 翻訳校閲担当］

翻訳業
上智大学外国語学部英語学科卒業
著訳書　『自殺で遺された人たちのサポートガイド──苦しみを分かち合う癒やしの方法』（明石書店，2007），『アスペルガー症候群・高機能自閉症の人のハローワーク』（明石書店，2008），『統合失調症と家族──当事者を支える家族のニーズと援助法』（金剛出版，2010），『精神疾患診断のエッセンス──DSM-5の上手な使い方』（金剛出版，共訳，2014），『あなたの自己回復力を育てる──認知行動療法とレジリエンス』（金剛出版，2015），『恥の烙印──精神的疾病へのスティグマと変化への道標』『頑張りすぎない生き方──失敗を味方にするプログラム』（金剛出版，2017）ほか。

石川信一 | いしかわ しんいち
同志社大学教授
臨床心理士

加藤謙介 | かとう けんすけ
九州保健福祉大学准教授

下津咲絵 | しもつ さきえ
京都女子大学准教授
臨床心理士

畑田惣一郎 | はただ そういちろう
医療法人仁心会松下病院
臨床心理士

前田直樹 | まえだ なおき
九州保健福祉大学准教授
臨床心理士

自尊心を育てるワークブック［第二版］
あなたを助けるための簡潔で効果的なプログラム

2011年10月30日　第一版発行
2019年 2 月20日　第二版発行

著　者―――グレン・R・シラルディ
監訳者―――高山 巖
訳　者―――柳沢圭子

発行者―――立石正信
発行所―――株式会社 金剛出版
　　　　　　〒112-0005 東京都文京区水道1-5-16
　　　　　　電話03-3815-6661　振替00120-6-34848

装丁◉臼井新太郎
装画◉下杉正子
印刷・製本◉総研

ISBN978-4-7724-1675-7 C3011　　©2019 Printed in Japan

好評既刊

自尊心の育て方
あなたの生き方を変えるための、認知療法的戦略

マシュー・マッケイ＆パトリック・ファニング
高橋祥友 訳

あなたは、あなたのあるがままで大丈夫だ！

もしも、あなたが自尊心の低さと必死になって闘っているならば、前向きな変化をして、生き延びていくために必要なすべてを、本書は提供するはずである。

A5判｜並製｜380頁｜本体3,800円＋税

自尊心を維持し高めるための基本図書として全米で80万部を売り上げたベストセラー！

青少年のための自尊心ワークブック
自信を高めて自分の目標を達成する

リサ・M・シャープ
高橋祥友 訳

The Self-Esteem Workbook for Teens

**あなたの人生のストーリーは
あなただけのものです**

心の声に耳を傾け，
あなたらしく生きるための
40の法則を紹介。

本書を読むことで，あなたは本来の自分を発見し，
それを探ることができるでしょう。

B5判｜並製｜240頁｜本体2,800円＋税